신을 찾아서

A Search for God

국립중앙도서관 출판시도서목록(CIP)

신을 찾아서 / 지은이: 에드거 케이시 : 옮긴이: 김진언.
-- 고양 : 사과나무, 2013
  p. ;   cm

원표제: A Search for God
원저자명: Edgar Cayce
영어 원작을 한국어로 번역
ISBN 978-89-6726-002-6 03200 : ₩14000

종교 철학[宗敎哲學]
종교 사상[宗敎思想]

201-KDC5
210-DDC21   CIP2013011712

신을 찾아서

에드거 케이시 **지음** | 김진언 옮김

사과나무

역자소개 _ 김진언

대학에서 국문학을 전공하고, 여러 나라들을 다니며 공부를 했다.
출판기획자로 일하며 직접 책을 쓰기도 했다. 문학과 정신세계에 대한 탐구를 계속하고 있으며 더불어 번역 작업도 하고 있다.
번역한 책으로 〈위대한 의사들〉〈간소한 삶〉〈빛나는 꿈을 이루기 위한 삶의 원칙〉 등이 있다.

신을 찾아서

초판 1쇄 발행 2013년 07월 25일
초판 4쇄 발행 2024년 07월 20일

지은이 에드거 케이시
옮긴이 김진언
펴낸곳 도서출판 사과나무
펴낸이 권정자
등록번호 제11-123
주소 경기도 고양시 덕양구 충장로 123번길 26, 301-1208

전화 (031) 978-3436
팩스 (031) 978-2835
이메일 bookpd@hanmail.net

값 14,000원

ISBN 978-89-6726-002-6 03200
※ 잘못 만들어진 책은 바꾸어드립니다.

설령 너를 괴롭히는 것처럼 보이는 것이 있다 할지라도
그것 때문에 지쳐서는 안 된다.
스스로를 신앙심 깊고 진실한 자로 보이는 사람에게
길은 열리는 법이니.

머리말 _ 에드거 케이시의 생애와 사상

"어떻게 살아야 하는가?"

에드거 케이시 최대의 영적 유산

'미국에서 가장 불가사의한 사람' '20세기 최고의 예언자'로 불리는 에드거 케이시(1877-1945)는 만년에 누군가로부터 "당신의 최대 업적은 무엇입니까?"라는 질문을 받았을 때, 주저하지 않고 "〈신을 찾아서(A Search for God)〉라는 텍스트를 이 세상에 남긴 일입니다"라고 대답했다. 이 책은 케이시가 그의 생애에서 가장 큰 심혈을 기울여 완성한 〈A Search for God〉을 번역한 것이다.

에드거 케이시의 예언 대부분은 최면상태에서 무의식으로 말하는 방식, 즉 리딩(reading)에 의한 것이었다. 리딩이란 무의식의 상태에서 투시를 행하고, 어떤 문제에 대한 해결책을 제시해주면 이것을 제3자가 받아 적는 것을 말하는데, 그가 일단 최면 상태에 들어가면 그 자신도 전혀 모르는 여러 일들에 대해 놀랄 만한 정보를 제공했다. 그래서 케이시에게 '잠자는 예언자'라는 이름이 붙게 되었다.

의학교육은 고사하고 학교 교육 7년이 전부였던 그는 피지컬 리딩(건강 판단)을 통해, 난해한 의학용어를 사용하며 수천 명의 난치병 환자들을 진단하고 치료법을 가르쳐주었다. 그가 남긴 치료법은 현대에 새로이 연구되어 여러 가지 질병의 치료에 도움을 주었으며 커다란 성과를 거두기도 했다.

이후 케이시는 자신의 영능력을 여러 분야로 확장했고, 최면상태의 그에게 적절한 질문을 하기만 하면 고차원의 정보를 얻을 수 있다는 사실이 알려졌다.

엔지니어는 전자회로에 대해 질문했고, 약제사는 치료약의 조제법에 대해 질문했다. 부모는 자녀 교육에 대해 질문했고, 철학자는 세계의 인식 방법에 대해 질문했는데 이 모든 질문에 케이시는 놀라운 통찰로써 대답을 했다. 심지어 투자가가 주식의 동향을 질문하면 거기에도 답을 했고 정치가가 정치에 대해 물으면 거기에도 깊은 지혜가 담긴 충고를 해주었다. 일확천금을 노리고 보물찾기나 석유탐사에 케이시의 능력을 이용하려 했던 사람들도 있었다.

그러한 대화(리딩) 가운데서도 "어떻게 살아야 하는가?"하는 인간의 본질에 대한 질문에 대해 케이시가 제공한 정보는 인류의 영적 성장에 커다란 기여를 할 만한 것으로, 그의 사상은 많은 사람들의 인생에 영향을 주고 세계관을 변화시켰다.

많은 사람들이 그에게 질문했다. "인생의 목적은 무엇입니까?", "인간은 무엇을 위해서 사는 것입니까?", "불과 몇 십 년에 불과한 우리 인생 가운데서 무엇이 진정 가치 있는 것입니까?"

이와 같은 인생의 본질에 대한 중요한 질문에 대해 케이시는 다음과 같이 대답했다.

"인간의 본성은 영원히 멸하지 않는 영적 존재이며, 사람은 영혼을 수양하기 위해서 몇 번이고 육체로 거듭 태어나 결국에는 윤회를 초월한 영적 세계로 가는 것입니다."

전통적인 기독교 사회인 미국에서 전생과 환생, 업(業, Karma)을 말하는 그의 사상은 큰 파장을 몰고 오기도 했다.

그는 인생에 있어서 가장 중요한 것은 "육체적인 생활을 하면서 정신적, 영적으로 성장하여 궁극적으로는 신의 공동 창조자가 되는 것이다"라고 말했다.

이 말은 많은 사람들에게 자극을 주어, 영적 성장의 길을 탐구하는 사람들이 그의 주위로 모여들었다. 그리고 1931년, 그들을 위해 영적 성장에 관한 케이시의 리딩이 행해졌다.

스터디 그룹을 위한 에드거 케이시의 리딩은 종교적인 색채를 띠기보다 일상생활 속에서 자신의 마음과 영혼을 성장시켜 나가는 길을 제시했다. 평범한 사회생활을 영위하면서 자신의 정신과 영성을 수양하는 방법을 추구한 것이다.

스터디 그룹의 영적 성장을 북돋우기 위해 리딩은 그들에게 실천 과제를 주었고, 그룹이 그 과제들을 달성하면 다음 과제를 부여하는 식으로 서서히 과제의 내용을 높여 나가 그들이 착실하게 성장할 수 있도록 인도했다. 과제를 충분히 달성하지 못하면 리딩은 다음 과제로 나아가는 것을 허락하지 않고, 몇 개월이 걸려도 같은 과제에 몰두하도록 했다.

그룹에게 주어졌던 과제는 주로 '협력' '이상을 정하는 것' '미덕과 이해' '인내' '사랑' 등이었으며, 오랜 세월에 걸쳐 그들은 주어진 과제를 달성해나갔다. 그 스터디 과정의 텍스트가 〈A Search for God〉으로써 정리되었고, 이후 〈A Search for God(신을 찾아서)〉은 전세계 영적 성장을 추구하는 탐구자들의 확실한 안내서가 되어왔다.

에드거 케이시, 그는 누구인가?

에드거 케이시는 1877년 3월 18일 켄터키 주 홉킨스빌 교외의 한 농가에서 태어났다.

천성적으로 고도로 예민한 감각을 갖고 있어서, 정원의 꽃과 대화를 나누고 환영(幻影)들을 보며 그것들과 얘기를 나누기도 한다. 자신이 남과 다르다는 것을 느끼고는 있었지만, 그 힘을 이끌어내는 법을 모르는 채로 학교를 졸업한 뒤, 구둣방 점원, 서점원, 보험영업사원 등 여러 가지 직업을 전전했다.

그러다 24세 때 갑자기 목소리가 나오지 않게 되는 실성증(失聲症)에 걸려 최면요법을 받게 되었고, 그로 인해 자신에게 특별한 능력이 있다는 것을 발견하게 되었다.

케이시는 최면상태에서 아카식 레코드(우주의 모든 지식과 살아 있는 것들의 기억이 흐르다가 어느 한곳에 총 집약된 영역)를 읽어내 인류의 운명에 관한 예언을 했다. 사람의 마음이 우주의 마음과 완전히 합치되면 그 정보를 자신이 살고 있는 땅의 언어로써 번역하게 되는 것이다. 케이시의 뇌는 영혼과 접속하는 일종의 단말기인 셈이다.

대우주의 심령과 통하는 능력을 갖게 된 그는, 지상의 인간에게 신의 목적을 이해시키는 채널로써의 역할을 자기 인생의 대명제로 생각했던 것 같다.

에드거 케이시는 많은 예언을 했는데, 그 예언들 중에는 정확히 맞는 것도 빗나간 것도 있다.

"대량살상용 미사일이 LA를 겨냥해 극동지역에서 발사된다. 그러나 태평양을 지나던 미국 여객기가 미 본토에서 270마일(약 467 km) 떨어진 지점에서 이를 가로막고 자폭해 수많은 사람들의 목숨을 구한다."

이것은 에드거 케이시의 예언 중의 하나인데, 요즘 북한의 핵위협 상황을 연상시킨다. 1945년 사망한 케이시가 북한이라는 존재를 알 리가 없는데 말이다.

그는 광우병과 2차대전의 발발과 종전 날짜를 맞췄으며, 소련의 붕괴를 정확히 예견했다.

1934년 케이시는 일본, 유럽, 극지방의 지각변동 등에 대해서도 중요한 예언을 했는데, "일본의 대부분은 바다 속으로 침몰한다" "유럽의 북부는 눈 깜짝할 사이에 변화될 것이다" "북극과 남극지역에 지각변동이 일어나고, 열대지역에서는 화산폭발이 있을 것이다"라는 내용이다. 2011년 일본 동북부를 강타한 대지진과 쓰나미를 예언한 것이었을까.

케이시의 마지막 예언은 자기 자신의 죽음에 관한 것이었다. 예언대로 1945년 1월 3일, 그는 영원한 잠에 들었다. 에드거 케이시가 죽은 지 70년이 지났지만 그의 예언은 아직 끝나지 않았다.

편집인

CONTENTS

머리말 _ 에드거 케이시의 생애와 사상　　　　　　　　　　**6**

가르침에 앞서
명상(Meditation)　　　　　　　　　　**19**
시작하며 | 기도와 명상 : 기도란? 명상이란? 기도만으로 충분한가? | 명상을 위한 준비 : 육체의 준비, 정신체의 준비, 영체의 준비 | 영향력의 작용 | 명상의 방법 | 명상 체험 | 마무리

첫 번째 가르침
협력(Cooperation)　　　　　　　　　　**51**
시작하며 | 협력에 필요한 것 | 협력을 얻는 방법 | 협력의 실현

두 번째 가르침
자신을 알자(Know Thyself)　　　　　　　　　　**65**
시작하며 | 육체(physical body) 정신체(mental body)와 영체(spiritual body) | 타인과의 관계에 있어서의 '나' | '창조력'과 자신의 관계 | 자신에 대한 깨달음 | 마무리

세 번째 가르침
나의 이상은 무엇인가?(What Is My Ideal?)　　　　　　　　　　**81**
시작하며 | 이상은 성장과 함께 높아진다 | 참된 이상이란? | 이상을 이루다 | 마무리

네 번째 가르침
믿음(Faith)   **93**
믿음이란 무엇인가? | 믿음의 필요성 | 어떻게 믿음을 기를 것인가? | 믿음이 충만한 곳 | 자기분석의 필요성 | 믿음의 증거 | 신앙의 보수

다섯 번째 가르침
미덕과 이해(Virtue and Understanding)   **109**
시작하며 | 미덕과 이해는 영적인 것 | 미덕과 이해는 올바른 생활의 에센스 | 미덕과 이해로 가는 길 | 멤버의 체험 | 미덕은 방패, 이해는 무기 | 미덕과 이해는 자신과 타인에게 영향을 준다

여섯 번째 가르침
친밀한 유대감(Fellowship)   **125**
시작하며 | 나는 형제를 지키는 자인가? | 신과의 친밀한 유대감 | 세상이 필요로 하는 신과의 유대감 | 신과의 유대감을 가진 사람들의 의무 | 유대감은 평안을 가져다준다

일곱 번째 가르침
인내(Patience)   **147**
시작하며 | 인내의 가치 | 인내를 기른다는 것 | 끝까지 달리자 | 인내는 육체에서 영혼으로 통하는 관문

CONTENTS

여덟 번째 가르침
문을 열자(The open door)　　　　　　　　　　163
시작하며 | 자신을 가다듬자 | 어떻게 문을 열 것인가? | 아버지이신 신을 어떻게 알 수 있을까 | 봉사의 목적 | 신의 왕국

아홉 번째 가르침
신과 함께(In His Presence)　　　　　　　　　183
시작하며 | 신의 임재를 아는 것 | 자신을 가다듬기 | 영원한 임재를 경험하자 | 믿음의 체험 | 우리의 수호는 신의 임재에 있다

열 번째 가르침
십자가와 면류관(The Cross and The Crown)　201
시작하며 | 왜 십자가를 지는 것일까? | 천지창조하신 주는 왜 십자가를 져야만 했는가? | 주는 십자가를 지기 위해 왜 인간으로 이 세상에 오셨을까? | 주께서 멍에를 짐으로써 왜 우리의 십자가가 가벼워지는가? | 모든 영혼이 십자가를 짊어져야 하는 것은 왜일까? 신앙과 이해를 추구하면서 살고, 주와 함께 걷는 삶으로 그 이유를 설명할 수 있는가? | 다른 영적 철학이 아닌 십자가가 선택된 것은 왜일까? | 면류관을 추구하는 자가 치욕의 상징인 십자가를 져야 하는 이유는? | 물질세계에 있는 내가 왜 십자가를 져야만 하는가?

열한 번째 가르침
주이신 너의 신은 한 분
(The Lord Thy God is One) **225**
시작하며 | 신의 나타남은 하나이다 | 어떻게 해야 '일체'라는 깨달음에 이르는가 | 예수 그리스도를 통한 하나됨 | 믿음의 체험 | 마무리

열두 번째 가르침
사랑(Love) **241**
시작하며 | 사랑의 표현 | 사랑의 힘 | 사랑이 시험받을 때 | 사랑이란 주는 것 | 신의 사랑은 이해를 초월한다 | 믿음의 체험 | 마무리

| 일러두기 |

1. 이 책의 텍스트는 미국 ARE에서 펴낸 〈A Search for God 1〉을 저본(底本)으로 하여, 일본어판 번역본 〈神の探究〉(光田秀 역)와 한국어판 성경 등을 참조했다.
2. 각 챕터의 앞부분에 인용되어 있는 '기도의 말'과 본문 내용은 에드거 케이시의 리딩에서 유래한 것이다.
3. 본문 중 성경 구절 인용에 대한 주석은 ARE에서 붙인 것과 일본어판 주석, 그리고 한국어 번역자가 붙인 것이다. 독자의 가독성을 위해 따로 구분하지 않았다.

가르침에 앞서

명상
Meditation

"너희는 가만히 있어 내가 하나님 됨을 알지어다."
– 시편 46:10

주기도문[*]

하늘에 계신 우리 아버지여,
이름이 거룩히 여김을 받으시오며,
나라가 임하시오며,
뜻이 하늘에서 이루어진 것 같이
땅에서도 이루어지이다.
오늘 우리에게 일용할 **양식**을 주시옵고,
우리가 우리에게 **죄** 지은 자를 사하여 준 것같이,
우리 죄를 사하여 주시옵고,
우리를 **시험**에 들게 하지 마시옵고,
다만 악에서 구하시옵소서.
나라와 **권세**와 **영광**이,
아버지께 영원히 있사옵나이다. 아멘

---

[*] 주기도문 중 굵게 표시된 곳은 케이시에 의하면 특정한 영적 중추에 대응하는 것이라고 했다. '하늘'과 '영광'은 최상위 중추인 뇌하수체, '이름'과 '뜻'은 여섯 번째 중추인 송과선, '뜻'과 '나라'는 다섯 번째 중추인 갑상선, '양식'은 첫 번째 중추인 성선, '죄'는 세 번째 중추인 태양신경총, '시험'은 두 번째 중추인 레이딕선, '악'은 네 번째 중추인 흉선에 각각 대응한다. 리딩 (281-29)에서는 주기도문을 외울 때 각각 대응하는 영적 중추를 의식하며 외우라고 권하고 있다.

가르침에 앞서
명상

시작하며

이 물질세계에서는 '성장'이라는 현상을 곳곳에서 볼 수 있다. 그러나 우리는 물질적·육체적 성장뿐만 아니라 영적(靈的) 성장에 대해서도 분명히 자각할 필요가 있다. 예를 들어 인간과 신의 관계를 이해한다거나, 혹은 그 이해의 깊이를 더하거나 폭을 넓히는 것도 영적 성장에 포함된다. 인간과 신의 관계에 대한 이해가 깊어지면 그 정도에 따라서 우리 스스로의 인생을 보다 의미있고 가치있게 만드는 힘을 얻을 수 있게 된다. 지금까지 영적 성장을 강조하는 사람들 중에는 물질생활을 죄악시하고 거기서 멀어지는 것이 바람직하다고 주장해온 것도 사실이다. 그랬기 때문에 양식 있는 사람들은 '영적'이라는 말을 현실 생활에서 동떨어진 허황된 것, 실체를 알 수 없는 천상의 것이라도 되는 양 여겨왔다.

인생에서의 영원한 화두는 다음과 같은 것이다.

"진정으로 가치 있는 생각과 사상은 무엇일까? 진정으로 가치 있는 활동과 경험은 무엇일까?"

이 질문에 대한 확고한 판단은 자신의 내부에서만 찾을 수 있다. 그리고 이와 같은 가치판단의 감각, 흔들림 없는 신념은 자신이라는 존재의 본질을 어떻게 이해하고 있는가, 즉 자신과 타인과의 관계, 자신과 신(神)과의 관계를 어떻게 이해하고 있는가, 하는 데 그 바탕을 두고 있다. 이와 같은 자기성찰을 구하는 데 없어서는 안 될 중요한 수단이 바로 '명상'인 것이다.

기도와 명상

기도란?

기도와 명상에 대해서 한번도 생각해보지 않은 사람들이 있다. 그런 사람들은 커다란 파도 위에 뜬 상태로 언젠가는 주위의 상황이 자신에게 유리하게 바뀌기를 기다리며 살아가는 사람들이다. 한편 그들과는 대조적으로 보다 나은 삶을 탐구하는 사람들도 있다. 이런 사람들은 자신의 인생을 비추는 '빛'을 추구하며, 그 빛 아래서 인생에 나타나는 온갖 일들의 진정한 의미를 이해하기 위해 노력하고, 자신의 삶을 언제나 점검하며, 삶에 대한 희망을 새로이 하려 한다.

기도란 우리가 느끼는 육체의 생각을 창조주의 '커다란 생각'에 동조시키려는 행위라고 할 수 있다. 다시 말해 물질세계에 나타나 있는 영적인 힘에 우리의 의식적인 마음을 동조시키려는 것이다. 그리고 기도란 수많은 사람들이 모여 하나의 목적을 위해서 마음을 합치는 행위가 되기도 한다.

그러나 이따금 보면 기도를 남들에게 보임으로써 자기만족을 위한 외면적 행위로 삼고 있는 사람들이 있다. 그러나 참된 기도는 자기 내면의 골방으로 들어가 거기서 사아를 내쫓고 그 대신 아버지이신 신의 영으로 채우려는 행위이다. 기도에 대한 이와 같은 태도의 차이를 예수는 다음과 같이 가르쳤다.

"두 사람이 기도를 하기 위해 성전으로 올라갔다. 하나는 바리새인*이요, 하나는 세금 징수인**이었다.

바리새인은 서서 따로 기도하여 이르되 '하나님이여 나는

---

* 바리새인은 유대교의 일파로 종교적 계율인 율법의 엄격한 준수를 그 신조로 삼았다. 그러나 예수 시대에는 율법의 근본 목적에서 일탈하여 형식적인 율법 준수에 빠졌으며, 또 율법을 지키지 못하는 일반대중을 얕잡아 보았다.

** 예수 시대의 유대인 사회에서 세금징수인은 로마제국의 앞잡이라며 같은 유대인들로부터 미움을 받았고 죄인 취급을 받았다.

다른 사람들 즉, 토색(討索: 돈이나 물건 따위를 억지로 달라고 함), 불의, 간음을 하는 자들과 같지 아니하고 이 세금 징수인과도 같지 아니함을 감사하나이다. 나는 이레에 두 번씩 금식하고 또 소득의 십일조를 드리나이다.' 그러나 세금 징수인은 멀리 서서 감히 눈을 들어 하늘을 쳐다보지도 못하고 다만 가슴을 치며 이르되 '하나님이여 불쌍히 여기소서. 나는 죄인이로소이다.' 내가 너희에게 이르노니 이에 저 바리새인이 아니고 이 사람이 의롭다 하심을 받고 그의 집으로 내려갔느니라. 무릇 자기를 높이는 자는 낮아지고 자기를 낮추는 자는 높아지리라."누가복음 18:10-14

명상이란?

명상이란 '창조력(Creative Force)'이 육체의 경로를 통해 상승하여, 민감한 영적 중추를 매개로 그것이 전신으로 보내질 수 있도록, 그 흐름을 방해하는 모든 것들을 우리 자신 속에서 제거하는 일이라고 할 수 있다. 올바른 명상은 우리의 육체와 정신 양면을 단련시켜 준다. 성경에도 '주의 사자에게서 먹을 것을 받은 엘리야가 40일 밤낮을 걸어 광야를 지났다'열왕기상 19:8는 이야기가 있다.

명상은 깊은 생각에 빠지거나 백일몽을 보는 것이 아니다. 명상이란 우리의 정신체와 육체를 영적인 근원에 동조시키는 행위이다. 또한 우리의 정신과 영을 독려하여 창조주와의 결합에서 오는 정신과 영의 참된 힘을 발휘하게 하는 것이다. 바로 이것이 참된 명상이다.

명상이란 '내면의 자신에게서 오는 기도'라고 할 수도 있다. 다시 말해서 명상은 육체로서의 인간의 내적인 작용임과 동시에 '영(靈)'에 의해서 각성된 마음[魂]의 작용이기도 한 것이다. 기도 속에서는 우리가 신에게 이야기하며, 명상 속에서는 신이 우리에게 이야기를 한다.

기도만으로 충분한가?

그렇다면 묻는 것만으로 답을 들을 수 있을까? 그럴 리가 없다. 그러나 물음으로써 우리가 답을 구하고 있다는 사실을 나타내는 셈이 된다. 기도에 대해서도 같은 의미를 부여할 수가 있다. 우리는 기도를 통해, 우리의 생활에서 신의 약속이 현실화될 수 있도록 신의 인도와 도움이 있기를 간절히 바란다는 사실을 하늘의 아버지께 나타낸다. 그러나 우리의 내면 깊은 곳에서 들려오는 조용하고 조그만 속삭임을 듣기 위해서는, 그리고 '모든 것이 선하다'는 사실을 알기 위해서는, 기도라는 준비를 해야 하고 그런 다음 조용히 귀를 기울여 가만히 기다리는 자세가 필요하다. 그렇기 때문에 기도는 명상의 토대가 된다.

고요할 때에만 우리는 신을 알 수 있다. 그리고 신을 알았을 때 비로소 우리는 진심으로 '신이시여, 당신의 뜻이 행해지기를'이라고 말할 수 있는 것이다. '신은 우리와 함께 식사를 하신다'는 말의 의미를 이때 진정으로 이해하게 되는 것이다.

우리는 기도를 통해서 자기 정화를 추구한다. 참된 명상을 얻기 위해서는 신과의 친밀한 교류에 걸맞은 자신이 되기 위해 몸과 마음을 정화시켜야 한다. 이처럼 기도와 명상은 서로를 보완하는 관계에 있다.

명상을 위한 준비

육체의 준비

육체의 정화와 신성화(神聖化)

우리의 몸은 우주의 축소판으로, 육체(physical), 정신체(mental), 영체(spiritual)의 삼중 구조로 되어 있다. 이들 세 가지 신체(身體)는 서로 밀접한 관계에 있기 때문에 어느 하나의 신체가 어떤 작용을 받으면 나머지 두 개의 신체도 그 영향을 받는다. 육체란 물질계에 나타난 창조력이 모인 하나의 통합체라고 할 수 있다. 다시 말해서 이 육체 속에 모든 것이 존재하며, 우리가 이해할 수 있는 모든 우주는 그 축소판을 육체 안에서 찾아볼 수 있는 것이다. 따라서 자신을 탐구하여 자신의 육체가 살아 계신 신의 신전임을 자각하는 것은 우리의 특권일 뿐만 아니라 의무이기도 하다.

옛날부터 깊은 명상에 들기 위해서는 거기에 합당한 준비가 필요하다는 사실을 사람들은 알고 있었다. 명상에 들어가기 전에 맑은 물로 몸을 깨끗이 하는 사람이 있는가 하면, 특정한 음식을 피하기도 하고, 성관계를 삼가기도 하고, 혹은 특수한 호흡법을 통해서 육체의 균형을 바로잡는 사람도 있다.

적절한 호흡은 전신의 혈액순환을 정상으로 만들어주는 작용을 한다. 또한 명상을 행하는 장소의 환경을 가다듬기 위해서 향을 피우기도 하고 성음(聖音)을 외우기도 하고, 혹은 소리와 음악을 이용하는 사람도 있다. 육제의 중추를 통해서 에너지가 상승할 때 이들 향기와 소리가 생각을 정화시켜 심신을 안정시켜주는 데 도움이 된다. 이른바 야만인들은 괴성을 올리기도 하고, 북을 두드리기도 해서 전투적이고 파괴적이며 강렬한 감정을 자극하는데 이러한 행동은 같은 힘을 부정적인 방향으로 활용한 예라고 할 수 있다.

비유를 써서 명상에 대해 설명해보기로 하겠다.

전기기사는 발전소에 들어가기 전에 반드시 마땅한 작업복으로 갈아입는다. 그는 지금부터 자신이 다룰 것의 성질을 완전히 익히고 있기 때문에 섣불리 다뤘다가는 목숨을 잃거나 큰 사고를 부를 위험성이 있다는 사실을 너무나도 잘 알고 있다. 전기기사조차 이러할진대, 명상으로 세 개의 신체(육체, 정신체, 영체)를 모든 힘의 근원에 동조시키려 하는 우리는 그들 이상으로 세심한 주의를 기울여 심신을 정화시키고 명상에 대해 깊이 이해할 필요가 있다.

신은 우리 자신 안의 성스러운 곳에서 우리와 만나주실 것을 약속하셨다. 하지만 거기에 합당한 준비도 되어 있지 않으면서 성스러운 곳에 들어가려 하면 자신의 파멸만을 불러올 뿐이다.

명상을 하는 방법은 사람에 따라 각각 다르지만 명상을 하기 위해서는 누구나 세상의 번잡한 일에서 자신을 떼어놓아야 하며 육체를 정갈하게 할 필요가 있다. 리딩에서는 '내일 주(主)되시는 신을 뵙기 위해서 오늘 너 자신을 성별(聖別)하라. 주이신 신께서 너를 통해 말씀하시리라'고 되어 있다. 신은 아버지가 자식에게 하는 것처럼 우리에게 말씀을 하신다. 우리는 주 되시는 신의 임재(臨在)를 체험하지 못할 만큼 멀리 방황하고 있는 것일까? '네가 내 아들이 된다면 나는 너의 신이 되리라. 아무리 먼 곳을 헤맨다 할지라도 네가 나를 부르면 나는 듣는다'는 신의 약속을 잊은 걸까?

명상을 시도하기에 앞서 우리는 무엇이 자신의 심신을 정화시켜 주는지, 그 최선의 방법을 찾아내야만 한다. 어떤 특정한 이미지를 마음속에 그려봄으로써 '창조력이신 신'의 뜻에 다가가려 할 때 우리의 내면에서 실제로 창조가 일어난다.

심신의 정화가 진행되어 마음에 그리는 그 이미지가 우리 안에서 최고의 힘을 발휘하게 되면, 어떠한 치유(healing)도 마음먹기에 따라 전파할 수 있게 된 자신을 발견하게 된다.

자신에게 가장 잘 어울리는 방법으로 자기를 정화시켰다면 더는 명상 체험이 마음과 몸에 악영향을 끼치지나 않을까 걱정하지 않아도 된다. 만약 명상 때문에 심신의 균형이 깨지거나 몸에 이상이 생긴다면 그것은 심신의 정화가 부족하다는 뜻이다.

내분비선과의 관계

가장 높은 이상(ideal)으로 마음을 집중시키면 육체는 차분해지고 육체의 파동이 실제로 상승한다. 이는 육체에 있는 민감한 영적 중추의 작용이 활발해져서, 육체라는 칼집과 영혼과의 만나는 접점이 자극을 받기 때문이다. 이 과정을 순서에 따라서 연구해 보기로 하자.

우리가 '무한한 신'에 동조하기 시작하면 생식샘(reproduction gland)이 모디와 같은 작용을 하여 몸 안에서 힘을 만들어낸다. 이 영적 힘은 레이딕 세포군(생식조직에 존재한다)이라는 중추를 통해서 들어온다. 이 중추는 말하자면 문과 같은 것으로, 지금까지 영적 활동을 통해서 그 중추를 어떻게 활용했느냐에 따라서 열리기도 하고 닫히기도 한다. 이미지나 이상을 떠올리면 이 생명 에너지는 아피아 가도(Appian Way)*, 즉 '은 줄(siver cord)'을 지나며 상승해서 뇌의 송과선에 도달한다. 여기서 생명 에너지는 정신체와 육체에 활동력을 주는 각 중추로 나누어 전달된다. 그리고 이 에너지는 뇌의 중앙에 있는 제3의 눈(뇌하수체)을 향해 간다. 이 중추는 이마의

---

* 아피아 가도를 요가에서는 수슘나(Shusumna)라고 부르며, 또 내분비선에 대응하는 모든 중추는 차크라(Chakra)라고 부른다.

중앙 바로 뒤쪽에 있다. 따라서 명상에 들어가면 성선에서 뚜렷한 전류 충격(impulse)이 일어나고 그것이 송과선을 통해서 뇌하수체에 도달하게 된다. 그 사람이 품은 이상(理想)이 어떤 것이든, 그가 품은 이상은 위로 떠올라 마음속에 구체적인 형상으로 나타나게 된다. 따라서 그 이상이 물질적인 것이라면 세속적인 것에 대한 집착과 편향이 더욱 우리의 마음속에 축적되어 간다.

한편 그 사람이 품은 이상이나 이미지가 영적인 것이면 영적 성장을 가져다준다. 영능력이란 이들 영적 중추의 활동에 의해서 각성된 영혼의 기능이라고 할 수 있다. 뇌하수체의 영향만을 받아온 사람을 7년간(이것은 육체를 구성하는 모든 원소가 교체되는 기간에 해당된다) 해부학적·병리학적 측면에서 연구하면, 영적 법칙에 따라 수양을 해온 사람은 '세상의 빛'이 됨을 알 수 있다. 그와는 반대로 물질적인 것만을 주입받은 사람은 영적인 사실을 이해하지 못하는, 그야말로 '괴물'이 되어 버린다.

이 '은 줄'과 영적 중추를 통해 에너지가 상승할 때, 육체에서 분명한 파동이 느껴지는 경우가 있다. 우리의 의식은 모든 일을 3차원적으로 받아들이는데, 마찬가지로 이들 파동도 기본적으로 세 가지 움직임을 보인다. 다시 말해서 앞뒤의 움직임, 좌우의 움직임, 원운동, 이렇게 세 가지 운동이다. 이들 감각은 때로 상당히 현실적으로 느껴지기도 한다. 이들 감각이 실제로 몸의 내부에서 진동이나 움직임을 일으키는 경우도 있는데 그것은 어디까지나 내적인 것이지 겉으로 드러나는 것은 아니다.

일반적으로 느끼는 또 다른 감각으로, 척추를 따라 상승하기도 하고 하강하기도 하거나 혹은 발에서 몸을 통해 상승하기도 하고 그와는 반대로 흐르는 에너지와 파동도 있다. 이 같은 감각을 체험하면 그 순간, 혹은 그 후에 머리가 약간 어지럽거나 가벼운 현기증을 느끼는 경우도 있다. 어쨌든 여기서 지적하고 싶은 것은 우리의 신체는 여러 가지 파동으로 합성되어 있으며 거기에 영적 사념이 작용한 경우의 반응은 개개인에 따라서 큰 차이가 있다는 점이다. 중요한 것은 민감한 영적 중추에는 분명한 육체적 반응이 있다는 사실이다.

파동의 연구

명상에 대해 이야기하기에 앞서 파동에 관한 기본 원리를 두어 가지 살펴보기로 하겠다. 그러면 앞으로 나올 많은 용어들에 대해서, 그리고 앞으로 경험하게 될 일들에 대해서도 보다 쉽게 이해할 수 있을 것이다.

과학의 가르침에 의하면 어떠한 물질이든 끊임없이 운동을 하고 있다. 그리고 물질 형태의 차이는 각 물질의 진동수의 차이에 있다고 한다. 예를 들어 물에 열을 가하면 물의 분자운동이 활발해져서 증기라 불리는 다른 형태로 전이해 간다. 다시 말해서 수증기 속의 물 분자는 액체 상태에 있을 때보다도 빠르게 운동(진동)하고 있는 것이다.

  한편 우리의 육체도 먹은 음식이나 공기 중에서 받아들인 물질입자로 이루어져 있다. 하지만 이들 물질입자가 육체 전체에 균일하게 혼합되어 있는 것은 아니다. 육체의 각 부분은 서로 다른 종류의 물질로 구성되어 있으며, 서로 다른 진동수로 진동하고 있다. 예를 들어 신경조직 등은 다른 조직에 비해서 매우 고감도로 이루어져 있다. 뼈와 혈액을 비교해 보면 뼈가 움직임이 둔한 구조로 되어 있고, 근육과 세포막을 비교해보면 근육이 둔한 구조로 이루어져 있다. 이렇게 같은 육체라 할지라도 부분에 따라서 진동수가 서로 다르다. 이처럼 서로 다른 부분의 모든 진동이 합성되어 몸 전체의 파동을 결정하는 것이다. 또한 이 파동은 끊임없이 변화하는데, 가령 병에 걸리면 병의 종류에 상관없이 이 파동에 혼란이 온다. 이 파동의 진동수가 높을수록 모든 종류의 영향력에 민감해진다.

  명상에 대한 이해가 깊어질수록 우리는 심신에서 발생하는 여러 가지 파동을 느끼게 된다. 깊은 명상에 들어가려 할 경우 영적인 힘의 감수성(感受性)은 내적인 것이든 외적인 것이든, 처음에는 육체의 감각에 한정된다. 왜냐하면 이 단계에 있는 우리는 아직 오감을 통해서 3차원 세계에 나타나는 것만을 느끼기 때문이다. 그리고 우리가 육체감각을 완전히 초월하여 보다 확대된 세계로 나아갈 수 있게 되었다 할지라도 원래의 세계로 돌아오면, 거기서 획득한 개념을 의식적으로 이해하기 위해서는 3차원 세계의 말로 표현할 수

밖에 없다.

　내적 생명의 방사물인 파동은 영적인 힘이 물질화된 하나의 형태이자, 생명 자체가 발산하는 방사력(放射力)이다. 파동이 상승한 경우 그것이 작용하는 것은 인체 중에서도 파동에 민감한 중추뿐이며, 그렇지 않으면 파동의 상승은 알 수가 없다. 이들 파동이 영적인 수준으로까지 승화되면 상념의 흐름(waves)과 역동적인 힘으로 우주로 방사할 수 있게 된다. 예를 들어 그 힘이 특정한 인물에게 향하도록 암시를 유도하면 그 힘을 받은 사람은 그 영향을 받게 된다.

　파동이라는 관점에서 몸에 미치는 상념의 영향력에 대해 생각해 보기로 하자. 모든 상념은 진동수가 다른 파동으로 이루어져 있다. 먹는 음식이 육체를 형성한다는 점에서 우리가 무엇을 먹는가가 중요하듯이, 정신의 패턴을 형성하는 요소로서 우리가 무엇을 생각하느냐가 중요하다. '마음은 건설자(builder)'이다. 건축기사는 원재료에서 보다 높은 파동의 형태를 만들어낸다. 따라서 우리는 자신의 상념의 파동을, 남을 돕는 힘 이외의 것으로 결코 사용해서는 안 된다.

정신체의 준비

자기 정화

명상을 할 때 정신체에 무슨 일이 일어나는지 생각해 보기로 하자. "마음은 건설자이며, 육체는 그 결과다."

마음은 육체적인 성질과 영적인 성질 모두를 띠고 있다. 우리들 대부분은 마음속의 극히 일부밖에 의식하고 있지 못한데, 우리가 의식하고 있는 이 부분을 '현재의식'이라고 부른다. 그에 반해서 기억의 저장고이자 육체를 언제나 감시하고 있는 부분으로 '잠재의식'이라 불리는 의식 영역이 있다. 이 잠재의식에 대해서는 최근의 심리학으로도 아직 충분히 해명을 하지 못하고 있다. 이 현재의식과 잠재의식 외에도 또 다른 의식 영역이 있다. 그것은 '초(超)의식'이나 '혼의 마음(soul-mind)'이라고 불린다.(물론 이들 명칭은 편의상 우리의 불완전한 이해력을 보완하기 위해 붙인 것으로, 어떤 힘의 서로 다른 작용을 명확히 하기 위한 것일 뿐, 그 이상은 아니다.)

우리는 명상을 통해서 자신의 마음을 올바르게 움직이도록 만들려 한다. 또한 의지력을 통해서 육체의 마음이 이리저리 방황하는 것을 제지하고, 이상(理想) 위에 굳건히 올려놓으려 한다. 그리고 그 이상이 보다 높은 차원의 정신에까지 전해져, 그 결과로써 생겨나는 활동의 토대가 되는 것이다.

우리가 지향하는 이상이나 목표가 초의식의 마음과 올바른 조화를 이룰 때, 초의식은 오감 중 어느 한 감각을 통해서 육체의 마음(physical mind)과 몸(body)에 도움이 되는 것을 우리의 (현재)의식 속으로 보낸다. 이와 같은 형태로 고차원의 정신이 작용하고 있다는 사실에 대한 증거는 우리가 그 사실을 이해하려고만 하면 누구에게나 나타난다. 그러나 이상과 목표가 영혼의 마음과 조화를 이루지 못한 상태에서 육체와 영혼 사이의 문을 열려고 하면 그것은 자신의 가장 약한 부분에 타격을 주어 내면의 혼란을 일으킨다.

따라서 명상을 행하려면 우선 마음을 깨끗이 해야 한다. 신과 마주하는 장면을 상상해 보라. 신을 만나게 된다면 우리는 어떤 준비를 할까? '누구도 신에게 말을 걸 수는 없다. 모두가 두려워하고 있다'고 생각하고 있지는 않은지? 우리는 자애로움으로 가득한 하늘의 아버지를 만날 수 없을 정도로 먼 곳을 방황하고 있는 것일까? 신께서는 우리가 무엇을 바라는지, 무엇을 필요로 하는지 잘 알고 계신다. 단, 신은 우리가 마음속에 가지고 있는 목적에 따라서 그것을 부여해 주는 것일 뿐이다.

그러니 우선은 마음과 몸을 깨끗이 하고 기도로써 자신을 바치도록 하자. 미움과 탐욕, 악의를 우리 마음에서 멀리 하고 그러한 것들 대신 사랑과 자비로운 마음을 기르도록 하자. 또한 겸허의 미덕을 키우기로 하자. 신을 알려면 겸허해야만 하기 때문이다. 마음을 열고, 열심히 구하고, 자기 안에 있는 죄를 자각하고, 길을 제시해 주기를 바라기로 하자. 이렇게 해서 준비를 갖추고 난 뒤 명상에 들어가야 한다.

'전체'와의 동조

동조의 정도는 영혼의 성숙 정도에 비례한다. 사물에 비유를 하면 라디오가 좋은 예이다. 라디오를 동조시키면 어느 라디오나 대부분 같은 주파수에서 울린다. 그러나 설령 라디오 두 대를 나란히 늘어놓는다 할지라도 두 대의 라디오가 완전히 같은 주파수에서 동조하는 경우는 없다. 그 위치에 따라서 동조하는 파장이 미묘하게 다르기 때문이다.

이와 마찬가지로 우리가 자신의 의식을 신에게 동조시키려 할 때도 개개인의 성숙 정도에 맞춰서 동조시키지 않으면 안 된다. 무엇인가를 만들어 가는 과정에서 그 완성도가 높아져 가듯, 이와 같은 동조 역시 한 걸음 한 걸음 성장해 나가는 법이다. 예수는 '내 아버지 집에 거할 곳(의식상태)이 많도다. …… 내가 너희를 위하여 거처를 예비하러 가노니 나 있는 곳(의식으로서)에 너희도 (의식에 있어서) 있게 하리라'고 말씀하셨다. 요한복음 14:2-3

참된 명상을 하기 위해서는 올바로 동조하지 않으면 안 된다. 우리 최고의 이상이자 무한한 신과 완전히 동조한다는 것은, 말하고 행하고 생각하는 것의 모든 면에서 우리의 마음과 뜻을 신의 뜻에 일치시킨다는 의미이다. 우리는 입으로만이 아니고 진심에서 다음과 같이 기도해야 한다. '아버지여 저의 의지가 아닌 당신의 의지가 제 속에서, 저를 통해서 행해지기를 바랍니다.'

그렇다면 자신이 올바로 동조하고 있는지, 아니면 동조를 못하고 있는지는 무엇을 기준으로 판단하면 좋을까? 우리가 이웃에 대한 관심을 잃었을 때, 우리는 올바른 동조를 잃은 것이다. 이웃과의 조화를 잃었을 때, 우리는 창조주와의 조화를 잃은 것이다.

'예물을 제단에 드리려다가 거기서 네 형제에게 원망을 들을 만한 일이 있음이 생각나거든 예물을 제단 앞에 두고 먼저 가서 형제와 화목하고 그 후에 와서 예물을 드리라'^{마태복음 5:23-24} 혹은, '네 마음을 다하며 목숨을 다하며 힘을 다하며 뜻을 다하여 주 너의 하나님을 사랑하고 또한 네 이웃을 네 자신 같이 사랑하라'^{누가복음 10:27}고 성경에도 기록되어 있다.

영체(Spiritual Body)의 준비
영혼에 내하여

명상을 통해 우리는 자신 속에 있는 영적 힘을 깨닫고, 또 명상에 의해서 육체와 영체 사이에 있는 문의 열쇠를 열게 되었다. 영혼에서 발생한 임펄스(impulses, 자극)는 이 문을 통해서 육체적, 물질적인 차원으로 나타나려 한다.

우리의 영혼은 많은 능력을 부여받았지만 그것들은 육체가 어느 정도 감수할 수 있는가, 하는 능력에 따라 제한을 받는다. 영혼은 언제나 존재하며, 그 참된 목적으로서 창조주와의 진실한 관계를 언제라도 나타내려 한다. 우리는 명상을 통해서 그것을 가능하게 하고 그 길을 연다.

'내가 영혼을 소유하고 있다고는 여겨지지 않는다'고 말하는 사람도 있다. 우리가 영혼을 소유하고 있는 것이 아니라 우리 한 사람 한 사람이 영혼, 그 자체인 것이다. 그 사실을 알아야만 한다. 이 육체는 일시적인 임시 숙소에 지나지 않는다. 이 육체를 벗어버리고 나면 우리는 다른 의식상태, 다른 경험세계로 향하게 된다.

우리가 희망을 품거나 보다 좋은 것을 바라거나, 혹은 후회를 하거나 기뻐할 수 있다는 사실은 애초부터 이 세상의 것이 아닌 무엇, 육체의 사후에도 결코 소멸되지 않는 무엇인가를 우리의 정신이 가지고 있다는 사실을 나타내는 것이다. 이와 같은 정신의 작용은 우리의 영적 중심인 영혼에서 온다. 성경에도 '신이 인간에게 생명의 숨결을 불어넣어 인간이 생령이 되었다'창세기 2:7고 되어 있는데 이것은 우리가 단순한 육체적 존재 이상의 것이라는 사실을 가르쳐준다.

다시 말해서 인간은 누구나 신의 속성을 부여받은 영혼이며, 창조의 힘을 가지고 있고, 아버지인 신과 하나가 될 수 있는 힘, 그리스도와 함께 공동 상속자가 될 수 있는 힘을 가지고 있는 것이다.

이상(理想)에 대하여

명상을 하는 방법은 명상을 하는 사람의 숫자만큼 존재한다고 해도 좋을 것이다. 명상을 이 세상의 시련으로부터 도피하는 수단으로 삼는 사람도 있는가 하면 지식에 이르는 길, 신에게 이르는 길로 삼는 사람도 있다. 여러 종류의 명상법이 있으며 어느 방법에나 각각 신봉자들이 있다. 하지만 참으로 중요한 것은 그 목적과 이상에 있다. 제 아무리 좋은 향기로도, 제 아무리 아름다운 음악으로도 이 기적인 마음을 창조주인 신 앞으로까지 높일 수는 없다. 명상의 변잡한 형식을 지키는 것보다, 우리의 마음이 악의와 미움, 탐욕, 이기심 등과 같은 것으로부터 자유로워지는 것이 훨씬 더 중요하다. 형식에 집착하거나 현혹되지 말고 왜 명상을 하는지 그 근본적인 이유를 잘 음미하여, 그 이유를 우리가 품을 수 있는 최고의 갈망과 조화시키도록 해야 한다.

깊고 참된 명상에 들어가면 우리 내부에 분명한 변화가 일어난다. 상상력이나 임펄스의 자극이 육체적인 활기를 불러일으키는 것이다. 이 임펄스의 근원은 우리의 마음에서 육체적인 욕망이나 생각을 차단함으로써 생겨난다. 영혼의 자리를 근거지로 삼고 있는 이들 임펄스가 우리의 내부에서 일어나는 것이니 자연히 변화가 일어나게 된다.

그렇다면 우리가 추구해야 할 이상, 떠올려야 할 이미지, 몸에 지녀야 할 소명의 증표란 어떤 것이어야 할까? 그것은 자신의 힘이 닿는 한 스스로를 봉사에 도움이 되게 하고 싶다는, 우리 내부에서 솟아오르는 가장 고귀한 소망과 일치하는 것이어야만 한다. 그리고 그 일치가 있을 때에만 우리는 신의 어린 양인 그리스도의 증표를 몸에 지니게 되는 것이다. 명상하는 중에 이와 같은 이상을 품게 되었다면 우리는 그야말로 창조력의 한가운데로 들어갈 수 있게 되는 것이다.

하지만 자신의 정신적 속성을 잘못 사용하여 자신을 흐리게 하면 우리의 내면에서는 불완전한 이미지밖에 생겨나지 않는다.

단순히 육체를 안정시키는 것뿐이라면 명상이 아니라 보다 직접적인 방법을 이용하면 좋을 것이다. 명상에는 좀 더 다른 목적이 있다. 즉, 높은 영적 의식에 도달하는 것을 깊은 명상의 목적이자 목표로 삼아야 한다. 그것을 위해서라도 높은 이상을 내걸고 우리의 의식을 그 이상 쪽으로 향하게 하는 것이 중요하다. 그렇게 하면 당연한 결과로 육체는 차분해지고, 여기저기 흩어져 있던 의식의 초점이 하나로 모아져 내적 감각이 고조된다. 의식을 이상에 집중시키는 동안에는 스스로의 모든 것을 집중해서 도달할 수 있는 최고의 각성 상태에 도달하고 싶다는 바람을 가지고 있어야 한다. 이것은 기도의 말에 의식을 고정시키라는 뜻이 아니다. 중요한 것은 내면의 자신이 신과 만나기를 강하게 바라는 것이며, 그 소망이 다른 것 때문에 방해를 받거나 손상되는 일이 없도록 해야 한다. 외부의 자극으로부터 의식을 집중함으로써가 아닌, 내면의 영적 노력의 결과로써 육체의 평온을 얻어야만 한다.

영향력의 작용

명상을 할 때만큼 어떤 영향력의 작용을 민감하게 느낄 수 있는 때도 없다. 이 영향력을 우리는 심령적인 힘이라 부르기도 하고, 오컬트(occult), 직감력, 우주적인 힘이라고 부르기도 한다. 그러나 이들 호칭은 신의 다양한 작용을 나타내기 위해 붙여진 단순한 명칭에 지나지 않는다. 성경에 '이스라엘아 들으라. 우리 하나님 여호와는 오직 유일한 여호와이시니'^{신명기 6:4}라고 기록된 대로이다.

이와 같은 여러 영향력의 한 예로 우리의 온 마음의 체험에서 생겨나는 직감력이 있다. 직감력은 우리 의식의 마음을 자기성찰함으로써 성장하기 시작한다. 그리고 결국에는 우리의 일상생활에서의 체험 자체가 직감적인 성질을 띠게 된다. 이와 같은 상태를 가리켜 '침묵 속으로 들어간다'고 말한다.

항상 자기 마음의 상태를 파악하고, 자기 자신에게 일어나는 각각의 체험을 전체 속에서 명료하게 의식할 수 있다면 그 사람은 '성자(gsges)' 혹은 '라마(lamas)'라고 불린다. 만약 이 능력을 현실세계에 적용하고, 또 내적으로는 영성 위에 머물 수 있다면 그 사람은 '주인(master)'이 된다.

명상이나 자기성찰, 혹은 '침묵 속으로 들어감'으로 해서 모든 힘을 탐구해 나가면 커다란 보수를 받게 된다. 영향력에 대한 지식을 쌓는 것은 중요한 일이지만, 그것이 마치 신비한 힘인 양 행동해서는 안 된다. 예수는 그와 같은 허위와는 전혀 관계가 없는 삶 속에서 동포에게 최선을 다해서 선을 베풀었다.

명상을 통해서 '은혜와 아름다움과 힘의 왕좌(王座)'를 둘러싼 보이지 않는 힘에 자신을 열 때, 그리스도를 생각함으로써 나타나는 수호의 힘을 자기 주위에 두르도록 하자. 우리의 의식이 우리의 이상인 그리스도 안에 있다면 파괴적인 결과를 걱정할 필요는 없다. 성경에는 '볼지어다, 내가 문 밖에 서서 두드리노니 누구든지 내 음성을 듣고 문을 열면 내가 그에게로 들어가 그와 더불어 먹고 그는 나와 더불어 먹으리라'요한계시록 3:20, '안심하라. 나니 두려워하지 말라'마태복음 14:27고 약속되어 있다.

우리가 올바른 이상을 내걸면 문제가 해결되고, 이전까지는 걸림돌이었던 것이 디딤돌로 변하게 된다.

명상의 방법

걸음마를 배우고 말을 배우는 것과 마찬가지로 명상도 배울 필요가 있다.

우리는 의지력으로 스스로의 소망을 올바로 제어하고, 그 소망을 통해서 의식을 적절히 인도할 필요가 있다.

명상에 도움이 되는 요점을 정리해보겠다.

우선 명상법은 가장 편안한 것, 자신에게 가장 잘 맞는 것을 고른다. 사람들의 성숙의 정도가 제각각 다르기 때문에 자신에게 맞는 명상법도 사람에 따라서 다르다. 단순한 방법이 맞는 사람이 있는가 하면, 여러 가지 절차를 밟는 것을 필요로 하는 사람도 있다. 어쨌든 명상에 들어갈 때는 자신의 의지를 구하는 마음이 아니라 진실, 그리고 '신의 마음을 알고 싶다'는 영적 동기와 목적이 있어야 한다. 신은 영적인 힘이다. 따라서 신을 구하려면 길을 완성하여 스스로 길이 되신 그리스도가 보여주신 영적 이상을 통해서 구해야만 한다. 자신의 이상이나 이미지를 형성할 때는 그리스도가 보여주신 원리에 따르도록 하자.

그 다음 몸을 깨끗한 물로 씻는다. 몸을 조이는 옷은 입지 말고 편안한 자세로 앉거나 몸을 눕힌다. 호흡법으로 (왼쪽 콧구멍을 손가락으로 누르면서) 오른쪽 콧구멍으로 숨을 들이마시고 입으로 내뱉는 호흡을 3회 반복한다. 다음으로 (오른쪽 콧구멍을 손가락으로 누르면서) 왼쪽 콧구멍으로 숨을 마시고, (다음에는 왼쪽 콧구멍을 누르면서) 오른쪽 콧구멍으로 내뱉는 호흡을 역시 3회 반복한다. 호흡이 정리되면 '사랑'이라 불리는 창조력과 자신이 하나라는 감각을 깊이 느끼며 자기 내면의 '지성소(holy of holies)'로 들어간다. 이때 그 일체감을 증대시켜 주는 말을 외우거나 그러한 의식으로 인도해 주는 음악을 조용히 틀어 놓는 것도 좋을 것이다.

'창조력(Creative Force)'이 상승하는 것이 느껴지면, 내면의 눈(육안을 말하는 것이 아니다)을 통해 그 창조력이 확대되어 가는 것을 보도록 하자. 창조력이 확대되어 가면 육체에서 생겨나는 여러 가지 감각에 어떻게 대처하면 좋을지 좀 더 깊이 이해를 할 수 있게 된다. 또한 각 중추의 고유한 경로를 통해서 들어온 새로운 창조력에 중추가 반응할 때 그 중추가 내뿜는 음악이 들려오는 경우도 있다.

이렇게 해서 우리는 명상이라는 것이 우리를 육체적, 정신적, 영적으로 새롭게 해준다는 사실을 조금씩 알아가게 된다.

명상 체험

1. 머리나 이마에 시원함을 느끼는 사람도 있다.
2. 명상 중에 몸이 좌우로 흔들리거나, 앞뒤로 흔들리는 감각을 느끼는 사람도 있다. 경우에 따라서는 몸 속에서 회전하는 듯한 움직임이 되어 머릿속이 가득 찬 것 같은 감각이 느껴지거나 빙글빙글 도는 듯한 느낌이 드는 사람도 있다.
3. 꼬리뼈 부근에서 맥이 뛰는 것을 느끼는 사람도 있다. 이런 현상은 아래 생식 중추에서 오는 신경의 임펄스가 육체의 여러 기능을 관장하는 다른 선중추(腺中樞)로 흘러 들어가면서 생기는 것이다. 이런 상태를 억지로 발생시키려 해서는 안 된다. 오히려 자신이 그와 같은 힘의 발현 경로가 되도록 심신을 다잡아야 한다.
4. 또 다른 사례로는 파동이 체내에서 상승하고 마지막에는 머리가 그 파동으로 가득 차는 듯한 감각을 경험하는 사람도 있다. 이 내면의 파동을 하위 중추에서부터 경로를 따라 모든 중추를 통과시켜 가장 높은 곳에 있는 분배 중추(즉, 제3의 눈)까지 상

승시킬 수 있게 되고 우리의 몸이 올바로 쓰이면, 손을 대는 것만으로도 타인을 치유할 수 있는 일종의 자석이 된다.

5. 어떤 종류의 감각이 눈에 나타난다면 그것은 치유의 파동을 의미하는 것이다. 치유는 어떤 종류의 것이든 자기 자신 안에서 만들어내지 못하면 타인 속에서도 만들어내지 못한다.

6. 자신에게 말을 거는 보이지 않는 목소리가 들려오기 시작했다면 그것은 자기 외부의 영향력과 교감하고 연결되어 통하는 능력이 눈을 뜨기 시작했다는 사실을 나타낸다. 예전부터 알려진 것처럼 신의 목소리를 구하고 신의 임재를 구하겠다는 소망을 자기 의식 속에 품고 강화시켜 나가면 그 경험들은 '보편적인 영향력', 즉 신의 사자에게서 유래하는 것이 된다. 이들 경험은 우리에게 여러 가지 의식 상태를 가져다준다. 이 능력을 자기 내면에서 성장시키고 또 그것을 자신에게 도움이 되는 것으로 만들어 가자. 보이지 않는 목소리가 그것 이외의 힘에서 유래하지 않도록 주의를 기울이자.

7. 그리고 최종적으로는 '온전한 신'이 임재하는 장소에 이르게 된다. 이 임재는 목소리로 들리기도 하고, 감각으로 전해지기도 하고, 비전으로 보이기도 하며, 혹은 '온전한 신'과의 일체감으로 느껴지기도 한다.

마무리

자기 성장을 목적으로 한다면 지금의 자신에서부터 출발해야 한다. 주위의 상황이 바뀌기를 기다려봐야 아무런 소용도 없다. 현재의 상황을 극복하지 못하면 다음은 더욱 좋지 않은 상태가 되어버릴 뿐이다. 그리고 극복해야 할 처음이자 마지막 난관은 자기자신을 이해하는 데 있다. 자신이라는 존재를 형성하고 의미 짓고 있는 요소가 무엇인지, 그것에 대한 인식이 충분하지 않으면 자기 인생의 목적과 목표에 대해서 이야기할 수 없다. 우리의 가능성과 능력은 극히 뛰어나도록 창조되어 있다. 이 사실을 분명히 자각하여 완전히 발현된 의식 이외의 것에는 머물지 않도록 해야 한다.

명상은 자기 성찰에 깊이를 더해 주는 가장 안전하고 확실한 방법이다. 많은 사람들에게 있어서 진실의 세계는 닫힌 문 건너편에 있다. 명상은 진실의 세계를 가로막고 있는 문의 열쇠라고 할 수 있다. 자기에 대해서 배우고, 자신에 대한 이해의 깊이를 더하자. 이것은 명령이자 동시에 바람이다. 무턱대고 찾는 것이 아니라, 신앙을 가지고 '고결한 자기'를 구하기로 하자. 명상에 들어가는 방법이나 성과는 사람에 따라서 다를 것이다. 그러나 그 목표로 하는 것은 같은 깨달음, 같은 의식의 도달점, 같은 각성 상태에 있다. 이 목표를 달성하기 위해서는 다음 두 가지 태도가 특히 중요하다.

첫째, 진리를 추구하는 강한 마음을 품을 것.

둘째, 전진을 위해 끈질기게 노력할 것.

명상은 규칙적으로 계속하는 것이 중요하다. 제멋대로 명상을 하기도 하고 쉬기도 하는 태도로는 그리 큰 성과를 기대하기 어렵다. 높은 이상을 내걸고 규칙적으로 내면의 자아가 눈을 뜨게 하자.

명상을 위한 노력은 결국 반드시 보답을 받는다. 매일 조금의 시간을 자기 탐구에 활용하기만 한다면 다른 어떤 활동을 했을 때보다 너 커다란 평안과 기쁨과 참된 행복이 자신의 것이 된다. 그럼에도 불구하고 얼마나 많은 사람들이 하루하루를 헛됨 속에서 보내고 있는지.

우선 처음에는 하늘의 나라를 구하기로 하자. 그 나라는 어디에 있는 것일까? 자기 안에 있다. 주께서 하신 말씀은 처음부터 오늘까지 진실이다. 신을 구하고, 우리의 육체가 바로 살아 있는 신의 신전임을 알아야 한다. 신은 이 신전에서 우리와 만나주실 것을 약속하셨다.

우리는 두려워하고 있는 걸까, 부끄러워하고 있는 걸까? 우리 내면에 있는 장막에서 신과 만나는 것을 부끄러워해야 할 만큼 우리는 기회를 소홀히 하고, 자신의 마음을 비천하게 만들어 온 것일까? 만약 그렇다면 우리는 우선 자기 영혼의 거처인 육체를 바로잡는 일부터 시작해야 한다.

우리의 몸에는 육체와 영혼을 연결하는 영적 중추가 있다. 오감에서 보낸 신호를 뇌에 전달하는 신경섬유와 신경얼기가 실제로 존재하듯이 영적 중추도 실제로 존재한다. 성경에 '은 줄이 풀리고 금그릇이 깨지고'^{전도서 12:6}라는 말이 있는데 이 '줄'과 '그릇'이 영적 중추를 나타내는 것이다.

모든 영혼에게 있어서 탐구의 최종적인 도달점은 신을 있는 그대로 아는 데 있다. 명상을 함으로써 우리는 일상생활 속에서 신을 알 수 있으며, 또 명상을 통해서 우리는 도달점을 향한 다음 단계를 부여해주는 '죽음'이라는 변화에 대비하게 된다.

신은 어떠한 존재일까? 우리는 내일 무엇을 먹을지, 무엇을 입을지 그런 것에만 마음을 빼앗기고 있지는 않은지? 만약 그렇다면 우리는 신앙이 두텁지 못한 사람, 소망이 낮은 사람이라는 소리를 들어도 할 말이 없다. 우리는 자신이 '신의 것'이라는 사실을 잊어버린 것일까? 신은 우리를 만드신 창조주시다. 신은 우리가 소멸하는 것을 원하지 않으신다. 하지만 신은 우리가 신과의 관계를 깨닫는 일조차 우리에게 맡기셨다. 신에게 이르는 길은 (신을 알고 싶다고 원하기만 하면) 우리 영혼의 거처인 육체 안에서 발견할 수 있다. 우리는 자신의 심신에 장애가 되는 것, 걸림돌이 될 수 있는 것을 완전히 제거함으로써 신을 알고 싶다는 소망을 실행에 옮기게 된다. 성경에 있는 것처럼 신은 하늘에서 내려오는 것도 아니고 바다를 넘어 오는 것도 아니다.^{신명기 30:11-14} 바로 우리 자신의 마음과 의식 속에서 신을 발견할 수 있는 것이다.

우리는 자신의 형제에게조차 하려 하지 않는 일을 자신에게 해달라고 신께 구하고 있지는 않은지? 그렇다면 우리는 이기적인 자이며, 신을 알 수 없을 것이다. 왜냐하면 성경에 있는 것처럼 우리가 형제 중 가장 작은 자에게 행하는 일이 곧 창조주이신 신에게 행하는 것과 다를 바 없기 때문이다.[마태복음 25:40] 이것은 단순한 구절이 아니다. 신을 알고자 하는 모든 사람들이 반드시 체험하는 일이다. 신은 오늘이라도 발견할 수가 있다. 신을 알려면 우리는 신 쪽으로 향해야 한다. 그리고 신이 직접 우리를 만나주실 것을 기대하고 희망하고 또 그렇게 행동해야 한다. 창조주와의 관계를 알고 싶어하는 사람에게 주가 찾아오셔서 '나니 두려워하지 말라'[마태복음 14:27]고 말씀해 주신다.

상식으로는 이해할 수 없는 요소가 있기 때문에 명상에 불안을 느끼는 사람들이 상당히 많다. 그런 사람들은 '내게는 이해가 되지 않는다'는 한마디 말로써 모든 상황을 정리하려 한다. 왜일까? 우리는 창조주를 알 기회에 둔감해져서 그 기회를 살릴 수 없게 되어버린 것일까? 그 정도로 우리는 자기 자신의 마음과 몸과 의식의 가치를 비천하게 만든 것일까?

마음과 몸의 정화가 필요하다. 기도 속에서 자신을 바치자. 겸허한 마음을 갖도록 하자. 왜냐하면 신을 알려면 겸허해야 하기 때문이다. 나아갈 길이 보이기를 열심히 바라고, 마음을 열고, 구하고,

죄를 참회하는 기분으로 나아가자.

그리고 길이 보이기 시작한다면 그 길에서 얼굴을 돌리지 말고 우리에게 주어진 비전에 충실하기로 하자. '너희가 나를 부르면 내가 듣고 속히 답하리라'^{시편 102:2}는 약속처럼 주가 말씀을 해주신다. 신이 말씀을 해주실 때, 우리의 것인 기회와 영광에 마음을 열자. 명상을 통해서 자신의 의식을 그리스도 의식에 동조시킴으로 해서 우리는 그 기회와 영광을 받게 된다. 여기에 이르렀을 때 우리는 진실로 '다른 사람들은 저들 마음대로 하게 내버려 두자. 그러나 우리는 살아 계신 신을 섬기자. 그래, 살아 계신 신을 섬기자'^{여호수아 24:15}라고 말할 수 있게 된다.

커다란 시련의 때조차 신은 우리 곁에 계셔 주신다. 신은 우리의 오른손보다 가까이에 계시는 것이다. 아니, 신은 우리 마음의 문에서 계시는 것이다. 우리는 신을 마음속으로 맞아들이려 하고 있는 것일까, 아니면 내쫓으려 하고 있는 것일까.

첫 번째 가르침

협력
Cooperation

"마지막으로 말하노니 너희가 다 마음을 같이하여 동정하며 형제를 사랑하라."
– 베드로전서 3:8

기도의 말

저희의 뜻이 아니라,
오, 주여, 당신의 뜻이 지희 속에서 저희를 통해서 행해지기를.
제가 여러 가지 형태로 접하는 모든 사람들에 대해서,
저를 오늘, 지금, 축복의 수로로 삼으소서.
제가 (마음 깊은 곳으로) 들어갈 때나,
나올 때도 언제나 당신이 저에게 바라는 것과 조화를 이루기를.
당신이 부르시면 저는 답하겠습니다.
"저는 여기에 있습니다. 모쪼록 저를 가게 하시고,
저를 쓰시기 바랍니다."

첫 번째 가르침
협력

시작하며

'협력'이라는 말은 일반적으로 다른 사람들과 힘을 합치고 하나가 되어 무엇인가를 하는 것이라고 말할 수 있다. 그러나 영적인 협력에는 훨씬 더 깊은 의미가 있다. 즉, '자신'에 대한 생각을 지우고 신의 축복이 주위 사람들에게 흘러 들어가는 데 필요한 수로(channel)가 되는 것을 의미한다. 바로 그것이 협력을 실천하고 있는 모습이다. 영적인 협력이든 육체적·물질적인 협력이든 거기에는 구체적인 행동이 있어야 한다. 목적을 같이 하는 사람들이 그 실현을 위해서 모였다면, 목표를 추구하고 실현을 추구하는 가운데 각각의 행동과 행위가 하나가 되어야만 한다.

우리 인생은 사람들과의 조화와 협력을 통해 최상의 것을 얻을 수 있다. 그것은 타인의 희생으로 얻을 수는 없다. 성공한 조직은 어느 조직이나 이런 의미에서의 협력을 실천하고 있다. 하늘은 그것 자체가, 창조주의 손이 참으로 질서와 조화와 통일을 부여했다는 사실을 높다랗게 선언하고 있다.^{시편 19:2}

자연계의 모든 것이 이와 같은 법칙에 따르고 있다. 예를 들어, 사람 신체의 각 부분은 다른 부분의 작용을 의식하지 않고 각자에게 주어진 역할을 수행하고 있지만, 그래도 역시 다른 모든 부분들과 서로 완전히 의존하고 있다.

'이상(Ideal)'* 안에서 자신을 잃어버렸을 때 협력은 자연스럽게 생겨난다. 주 앞에서 자신을 낮추고, 스스로를 봉사에 바치고, 자기희생을 마다하지 않는다면 그것은 당연한 결과라고 할 수 있다.

사회에 대한 협력도 그와 같은 것이라 할 수 있다. 우리를 둘러싼 사회 상황이 어떠한 것이든 우리는 그 상황에 따라서 대처해 나가지 않으면 안 된다. 우리가 사회의 높은 가능성을 계속 지켜보는 것이 사회를 발전시키는 결과를 낳는다. 이것이 사회에 대한 협력이다.

---

* 리딩에서 '이상(Ideal)'은 대부분의 경우 인간 최고의 이상인 '그리스도'를 의미한다.

협력에 필요한 것

우리는 우선 '생각'에 있어서 협력하지 않으면 안 된다. 생각이 대립되면 자신의 발전이 늦어질 뿐만 아니라 우리를 도우려는 사람들과의 사이에 장애물을 만들게 된다.

예수는 사람들이 믿으려 하지 않았기에 고향 마을에서는 그다지 많은 기적을 행하지 않으셨다._{마태복음 13:54-58, 마가복음 6:1-6} 생각하는 것, 사고하는 것은 그 자체가 행위이며 그것은 기적을 낳는 것이 되기도 하고 범죄가 되기도 한다. 어떤 목적을 달성하거나 도달점에 이르기 위해서는, 또한 자신이나 사람들을 위해서 축복을 얻기 위해서는 마음과 목적과 목표를 하나로 모아야만 된다.

자기 나름대로의 방법으로 사람들에게 도움이 되도록 협력해 나가면 우리 자신도 고양(高揚)되어 간다. 고양되기 시작했다면 우리들 속에 있는 '창조력'을 다른 사람의 인생에 희망과 평안과 이해를 가져다줄 수 있는 형태로, 그리고 그로 인해서 그들 역시 자기 나름대로의 방법으로 축복의 수로가 되기를 바라게 하는 형태로 발휘해 보기로 하자.

그리고 자기 자신을 좀 더 높은 '영적 힘'에 동조시키기로 하자. 우리 자신이 신의 뜻에 일치할 때 그와 같은 동조가 실현된다.

---

* 여기서 말하는 '창조력'은 단순한 창조력(creative force)이 아니라 신, 혹은 고차원의 세계에서 유래하는 창조력(Creative Force)임을 의미한다.

구체적으로는 자신이 언제나 다음과 같은 의식 상태에 있도록 마음을 훈련하자.

1. 그리스도 안에서 자신을 잃어버리자.
2. 우리의 모든 생각과 모든 행동 하나하나가 자신이 지향하는 최선의 의지와 목적과 조화를 이루도록 하자.

우리가 추구해야 할 그리스도 정신이란 어떤 마음 상태를 말하는 것일까?

축복의 채널이 되기를 바라며 자신의 정신(minds)과 마음(hearts)과 혼(souls)을 열 때* 우리는 이 세상의 짐을 짊어진 그리스도 정신을 소유하게 된다. 이렇게 해서 우리도 자신이 살아가는 세계의 짐을 질 수 있게 된다. 기쁨과 마음의 평안, 행복은 타인을 위해 무엇인가를 행함으로써 우리의 것이 된다. 모든 면에서 올바로 살아가는 법칙을 이해하는 것이 우리의 마음을 '창조력'에 동조시킨다. 자신이 알고 있는 사실을 행동으로 옮김으로 해서 우리는 비로소 그리스도 정신을 소유하게 된다.

---

* 마인드는 주로 두뇌의 작용, 하트는 마음의 작용을 의미한다.

협력을 얻는 방법

그렇다면 여기서 다음과 같은 의문이 들지도 모르겠다.
"어떻게 해야 그와 같은 상태를 달성할 수 있는가?"
"어떻게 해야 신의 뜻에 합당한 목적을 가진 개인으로서 행동할 수 있는가?"

이 질문에 답을 하기 위해서는 자신의 성질을 형성하고 있는 하나하나 사소한 것에 이르기까지 자신의 내면을 살펴볼 필요가 있다. 우리는 매일 매일의 생각과 행동을 관찰하고 명상을 통해 내면의 자신을 일깨울 필요가 있다.

매일 매일의 생활 속에서 자신의 생각과 행동을 잘 살펴보기로 하자. 왜냐하면 협력이란 좋은 생각과 행동을 드러내는 채널로써, 말하자면 (신께) 자신을 바치는 일이기 때문이다. 그것은 단번에 달성할 수 있는 것이 아니다. 자신을 끊임없이 바침으로 해서, 한 걸음 한 걸음 계율에 계율을 더함으로써 비로소 찾아오는 것이다.

그런데 우리가 분명히 자각해야만 할 것이 있다. 그것은 생명을 얻으려는 자는 생명을 주어야 한다는 사실, 사랑받기를 원한다면 스스로 사랑을 보여야 한다는 사실, 친구를 얻으려면 자신이 우정을 품어야 한다는 사실, 협력을 얻기 위해서는 그것이 사람들에게 빛과 힘을 주는 일이든 건강과 이해를 가져다주는 활동이든, 달성해야 할 일에 솔선해서 자신을 바쳐 협력해야 한다는 사실이다. 예수는 그것을 완전한 실현한 분이다.

부정적인 생각을 건설적이고 적극적인 생각으로 바꾸자. 누구도 탓하지 말고 누구에 대해서나 친절하게 이야기하고 배려를 하도록 하자. 우리에게 상처를 주는 사람들에게도 친절한 마음을 품는 훈련을 하자. 우리의 조그만 친절로 누군가의 무거운 짐을 가볍게 해 줄 수 있다면 그 기회를 놓치지 말고 친절을 베풀도록 하자. 우리는 신께서 우리에게 원하는 삶을 살아야 한다. 그것을 지금부터 시작하자. 열심히, 인내심을 가지고 실행해야 한다. 그때 자신의 의식이 어떻게 반응하는지를 주의 깊게 살펴보자. 왜냐하면 우리 인생에 평안과 조화와 이해를 가져다주는 것도, 또 다가올 우리의 인생에 다툼과 불안과 문제를 가져다주는 것도 바로 마음의 상태에 있기 때문이다. 우리가 올바른 행동을 하려 해도 항상 불안한 마음이 있다는 사실을 깨닫게 될 것이다. 그러나 하루하루 이것들을 마음에서 쫓아내고 좀 더 많은 평안과 조화, 이해로 바꾸어, 그것들을 잠재하는 힘에서 적극적인 힘으로 만들어 나가야 한다. 이것이야말로 우리가 추구하고 있는 것을 표현하는 방법이다.

우리는 모두가 마음을 하나로 하고 목적을 하나로 하여 신의 법칙과 계율을 추구해야 한다. 그것은 우리 자신에게 유리하도록 추구하는 것이 아니라 다른 사람을 위해 추구하는 것이다. 자기 계발을 위해서 추구하는 것이 아니라 우리를 통해서 약한 사람들에게 힘과 용기가 주어지기를 원하는 마음에서 추구하는 것이다. 우선 조화를 추구하자. 조화가 평안을 낳고 평안이 이해를, 그리고 그 이해가 뛰어난 지혜를 낳는다.

사람은, 혼자서는 아무것도 이룰 수가 없다. 그러니 명상 속에서 내면의 '빛'을 찾도록 노력하자. 매일, 가능하다면 해가 떠오를 때 기도와 명상의 시간을 갖도록 하자. 육체를 가라앉히고, 감정을 가라앉히고 신을 기다리자. 우리가 신에게 다가가면 신도 우리에게 다가오신다.

명상에 들어갈 때는 조화와 사랑이 활발하게 움직이는 모습을 마음속에 그리기로 하자. 생각과 행동의 협력에 대해 알고 있는 사실을 행동에 옮김으로써, 이해를 넘어선 신의 평안이 우리를 찾아와 신의 채널이 실현된다. 주께서 약속하셨다. 주의 이름으로 하나가 되기를 구하는 사람들에게 신은 힘과 용기와 기쁨과 생명과 빛을 아끼지 않을 것이라고.

협력의 실현

주 안에서 완전한 협력이 실현되면 자신이 우주의 '창조력'과 하나라는 사실을 깨닫게 된다. 이기적인 관심은 사라지고 봉사의 기쁨과 행복이 우리의 마음을 지배하게 된다. 온갖 것들 속에서 표현되는 신의 '창조력'이 우리 속에서 솟아오르기 때문에 우리의 심신은 더욱 완전히 기능하게 된다. 밤의 장막이 조용히 내려앉듯 이해가 생겨나고 신의 영원한 평안이 우리 마음속에서 살아가게 된다.

이와 같은 체험이 어떠한 것인지를 묘사하는 데는 협력을 통해서 빛과 이해를 구한 사람들의 체험을 소개하는 것이 가장 좋을 듯하다.

"협력을 체험함에 따라서 저는 영적인 이해라는 커다란 세계로 안내되어 자신이 신의 의지가 행해지기 위한 수로(채널)임을 알게 되었습니다."

"시련의 시기에 스터디그룹 사람들이 협력해주고 있다는 느낌을 체험했습니다. 이 그룹 사람들의 기도와 명상으로부터는 좋은 것 이외에는 아무것도 오지 않는다는 사실을 알았기 때문입니다. 온갖 두려움이 줄어들고 정의와 사랑이 승리한다는 사실을 확신할 수 있었습니다. 만족스러운 기분과 어떤 일이든 기꺼이 신의 손에 맡기는 기분, 모든 것이 잘될 거라는 실감이 생겨났습니다."

"스터디그룹 사람들의 협력 덕분에 제 자신의 인생의 목적을, 보다 커다란 생명의 목적 속에 있다는 것을 인식할 수 있게 되었습니다. 우리의 협력이 최고로 드러날 때면, 제 자신이 신의 힘이 이 세상에 출현하기 위한 완전한 수로가 되어 있음을 느끼는 적이 있었습니다. 그와 같은 동조가 실현되면 그로부터 한동안, 제가 성장하고 있다는 사실을 증거하는 듯한 꿈과 비전을 보았습니다."

"협력을 실현하기 위한 노력을 성실하게 되풀이하다 보면 함께 활동하는 모든 사람들과 하나라는 생각이 깊어지며, 또 주가 우리 곁에 계신다는 느낌을 종종 경험하게 됩니다. 이것은 '두세 사람이 내 이름으로 모인 곳에는 나도 그들 중에 있느니라'^{마태복음 18:20}고 하신 주의 약속이 진실임을 나타내는 것입니다."

"명상을 할 때 스터디그룹의 한 사람 한 사람이 점이 되어 나타나 완전한 원을 만드는 것을 보았습니다. 원이 된 사람들은 서로가 다른 멤버의 이름을 부르며 축복하고 있는 듯했습니다. 잠시 후 원은 수레바퀴가 되었고 멤버를 나타내고 있던 점은 바퀴살이 되었습니다. 하나 하나의 바퀴살은 그룹 각 멤버를 나타내고, 각각 수로가 되어 바퀴의 중심에서 밖을 향해 뻗어 나갔습니다. 바퀴의 중심에서는 그리스도의 빛이 보였습니다. 그 수로를 통해서 그리스도의 사랑과 조화, 평안과 이해의 축복이 흘러나오더니 그 바퀴가 돌기 시작했습니다. 이것이 바로 협력이 실천되고 있는 모습이었습니다. 바퀴가 회전함에 따라 멤버들은 다른 바퀴를 돌리게 되었고 세계를 빛과 사랑과 조화, 참된 이해로 이끄는 데 도움이 되었습니다."

우리의 체험은 각양각색이지만 각각의 삶 속에서 우리가 행하는 일이나 가르침의 모든 것에서 (자신의 의지나 자아를 드러내는 것이 아니라) 신의 뜻이 나타날 수 있도록 목적을 일치시키고 마음을 하나로 합쳐야 한다. 이것이 우리가 목표로 삼아야 할 도달점이다.

이와 같은 협력을 싫증 내지 말고 강한 인내심으로 구하자. 우리는 지금부터 영적인 힘에 대해 배우고, 깊이 이해하여 고차원적 힘의 활발한 수로가 되기 위한 준비를 해나갈 것이기 때문이다. 우리는 또한 좋은 남편, 아내, 형제자매, 친구가 될 것이다. 우리가 살아가는 조그만 세계는 우리가 그 일부가 됨으로 해서 행복으로 더욱 가득 차게 될 것이다. 주위 사람들에게 많은 기쁨과 행복을 주고 사람에 대한 신의 사랑을 표현하게 될 것이다.

이 길은 인류의 구원에 가담하려는 모든 사람들에게 똑같이 열려 있다. 우리는 슬퍼하지 말고, 오히려 그 목적의 기쁨에 가슴 설렘을 가져야 한다. 왜냐하면 신에게 선택받은 사람들 가운데 우리는 최상의 행복을 아는 사람이 될 것이기 때문이다. 바라건대 우리의 노력이 시대를 초월하여 아직 태어나지 않은 미래의 사람들에게까지

미처 모든 사람이 만물의 창조주이신 신을 알고 건전하게 사는 새로운 세계가 건설되기를. 왜냐하면 '만물이 그로 말미암아 지은 바 되었으니 지은 것이 하나도 그가 없이는 된 것이 없'요한복음 1:3기 때문이다.

두 번째 가르침

자신을 알자
Know Thyself

"너희는 그리스도의 몸이요 지체의 각 부분이라."
- 고린도전서 12:27

기도의 말

아버지여,
우리는 당신의 얼굴을 구하고 있습니다.
부디 우리 한 사람 한 사람이 개인으로서,
또 그룹으로서 당신이 알고 있는 모습 그대로 자신을 알고,
당신 속의 빛으로써 당신의 영을
이 세상에 나타낼 수 있기를.

두 번째 가르침
자신을 알자

시작하며

"당신은 자신에 대해서 잘 알고 있습니까?"

이런 질문을 받으면 과연 얼마나 되는 사람들이 "네"라고 대답할 수 있을까?

우리는 누구나 한 번도 발휘한 적이 없는 능력과 재능을 넘칠 만큼 자신 속에 가지고 있다. 그처럼 숨겨진 능력과 재능이 발휘되었다면 자신에 대한 견해, 인식도 훨씬 달라졌을 것이다. 또한 정신체와 영체(靈體)*와의 관계 속에서 자신의 육체가 어떤 기능을 가지고

---

* 케이시는 일반적으로 인간을 육체·정신체·영체 세 개의 구조로 설명했다.

있는지, 그 참된 기능은 무엇인지를 이해했을 것이다. 자신에 대한 이해가 충분하지 못하면 자기 자신이 스스로의 성장에 걸림돌이 되어버린다.

그런데 자기 자신을 알려면 우선 어떠한 척도로 자신을 평가할 것인지, 어떠한 규범과 사고방식에 따라 평가할 것인지 그 평가 기준을 명확히 해야 한다. 그럴 경우 좋든 싫든 자신의 본성을 알려고 하는 것이니 세속적·물질적인 잣대는 어울리지 않는다. 오히려 자신의 내면에서 찾아낼 수 있는 자기 자신의 참된 '이상'을 기준으로 삼고, 거기에 따라서 헤아려 보아야 한다. 또한 우리는 자신이 무엇을 믿고 있는지를 자각하고 그 믿음에 따라 행동해야 한다. 즉 우리가 가지고 있는 것에 의해서가 아니라, 자신이 나누어줄 수 있는 것에 의해서 평가되기를 바라야 한다.

육체(physical body)

자신을 알려면 자신의 육체적인 면을 아는 것만으로는 충분하지 않다. 자신이 육체와 정신과 영혼을 갖춘 완성체이며 자신의 안팎에서 일어나는 모든 일을 파악할 능력을 가지고 있다는 사실을 알 필요가 있다. 그러나 그와 같은 '지식의 샘'을 마시려면 거기에 합당한 대가를 치러야만 한다. 그 대가란 스스로를 바르게 하고 (신께) 바침으로써, 자신을 완전히 내어 주는 것이다. 그것은 기도와 명상과 봉사에 의해서만 달성할 수 있다. 이 샘물에 이르는 길은 곧게 뻗은 좁은 길이지만 모든 사람들에게 열려 있다. 생명의 물은 누구에게나 무상으로 제공된다. 요한계시록 22:17

한편 하나의 완성체인 우리는 우리 자신이 대우주의 축소판으로, 우주가 그런 것처럼 육체(physical body)와 정신체(mental body)와 영체(spiritual body)의 삼중 구조로 이루어져 있다. 이들 세 개의 신체는 서로 밀접한 관련을 맺고 있으며 어떤 신체의 파동은 나머지 두 개의 신체에 영향을 준다. 특히 정신체는 육체와 영체 양쪽의 속성 모두를 띠고 있는데 육체 쪽에 있는 정신은 현재 의식이 되고 또 영체 쪽에 있는 정신은 초의식이 된다.

'우리의 육체는 살아 계신 신의 궁전이다.' 고린도후서 6:16

이런 성경 구절처럼 우리의 육체는 물질세계에 나타난 '창조력'의 다양한 구성요소로 이루어져 있다. 육체를 구성하는 이 모든 부분들은 서로 조화를 이루어 함께 작용해야 한다. 어떤 부분이 다른 부분과 대립하게 되면 당연히 거기서 부조화가 발생한다. 각 부분은 서로 고유한 작용을 하고 있으며 그 어느 하나를 놓고 봐도 반드시 필요한 것으로, 다른 부분이 그것을 대신할 수는 없다. 또한 쓸데없는 것, 의미가 없는 것은 하나도 존재하지 않는다.

각각의 신체 장기는 자신만의 고유한 기능과 욕구를 가지고 있는데 그들의 욕구 자체는 신성한 것이다. 우리의 감각은 육체가 어떤 욕구와 본성을 가지고 있는지, 그것들을 확대하여 우리의 의식에 전달해 준다. 그들 욕구는 우리의 육체활동으로 나타나며 결국에는 그것이 얼굴 표정에 나타날 정도가 된다.

다시 말해 육체는 본질적으로 내면의 자아를 물질적으로 표현한 것이며, 내면의 자아가 가진 욕구는 결국 겉으로 드러나는 법이다. 그렇기 때문에 우리는 자신이 가지고 있는 생각과 소망에 대해서도 항상 긴장하고 주의를 기울여야 한다. 우리의 생각과 행위는 지금의 삶뿐만 아니라 전 생애에 걸쳐서 우리의 일부가 된다. 그리고 우리가 경험하는 일은 미래의 자신에게 있어서 영혼의 등급을 형성하는 부분이 된다.

정신체(mental body)와 영체(spiritual body)

마찬가지로 정신체와 영체가 가지고 있는 소망은 우리의 인격을 형성한다. 이와 같은 인격 형성은 먼 옛날부터 계속되어 온 것이다. 유전과 환경, 카르마, 상념 파동 그리고 영적 세계의 보편적 법칙의 작용 등 이러한 모든 요소로부터 영향을 받는다. 그것은 마치 육체 장기의 욕구와 파동이 육체의 구성 요소를 끌어당겨 형성되는 것과 같다. 우리 자신은 우리 이전에 존재했던 씨앗의 발달 결과이자 하나의 영혼으로서 창조된 이후 계속되어 온 자기 성장의 결과이기도

하다.

우리는 온갖 의식 상태에서 겪은 모든 경험의 총집합이라고 말할 수 있다. 이 사실을 예수는 '내 아버지 집에 거할 곳이 많도다'요한복음 14:2라고 표현하셨다. 우리의 생각과 행위는 우리의 육체뿐만 아니라 정신체와 영체도 형성한다. 이에 예수는 다음과 같이 말씀하셨다. '입으로 들어가는 것이 사람을 더럽게 하는 것이 아니라 입에서 나오는 그것이 사람을 더럽게 하는 것이니라.'마태복음 15:11

자신의 육체만을 기쁘게 하기 위해서 살아가는 사람의 겉모습은 아름다울지 모른다. 그러나 그것은 자신의 영혼을 메마르게 하며, 그는 주위 사람들에게 불화와 타락만을 전해주게 된다. 율법학자(랍비)와 바리새인에 대해 예수는 다음과 같이 말씀하셨다. '너희는 회칠한 무덤* 같으니, 겉으로는 아름답게 보이나 그 안에는 죽은 사람의 뼈와 모든 더러운 것이 가득하도다. 이와 같이 너희도 겉으로는 사람에게 옳게 보이되 안으로는 외식과 불법이 가득하도다.'마태복음 23:27-28라고. 우리의 생각에 대해서도 마찬가지로 말할 수 있다. 왜냐하면 우리는 자신이 생각하고 있는 모습, 바로 그 모습대로 되기 때문이다.

'나무는 쓰러지면 그 쓰러진 곳에 그냥 있으리라.'전도서 11:3

---

* 유대교 율법에서 무덤은 부정한 것으로 여겨 무덤에 닿은 자는 율법상 더러워진 자가 되었다(민수기 19:16). 그것을 막는 의미에서 유월절 때에는, 그 4주 전에 무덤을 하얗게 칠하는 관습이 있었다.

이 성경 구절처럼 영혼은 예전에 자신이 만들어냈던 것을 추구하는 경향이 있다. 이것은 물질세계에만 한정된 것이 아니라 온갖 차원에 해당되는 말이다. 그 의미는 자기 자신에 대한 이해가 깊어질수록 차츰 알아가게 된다. 왜냐하면 어떤 경험이든 결국은 '온전한 신'에 대한 지식을 가져다주기 위한 것이며, '나와 아버지는 하나'요한복음 10:30라는 사실을 알기 위한 레슨에 불과하기 때문이다.

우리가 '온전한 신' 안에서 자신을 잃어버리려 할 때, 우리는 다음 같은 꿈을 본 사람과 같은 시점으로 자신을 볼 수 있게 된다.

"저는 제가 몸에서 빠져나와 3가지 신체인 육체와 정신체와 영체가 되는 것을 보았습니다. 처음에는 육체가 가장 컸지만 다른 두 개의 신체가 성장함에 따라서 육체는 점점 작아졌고 결국에는 먼지 속으로 사라져 버렸습니다. 다른 두 개는 더욱 커져서 4차원 세계를 돌아다녔습니다."

그리스도를 기준으로 하여 우리의 행위와 생각을 가늠하고, 또 다른 사람에게로 통하는 채널이 되는 것만을 소망하게 되었을 때, 우리는 마침내 자아의식이 사라진 상태에 도달하게 되는 것이다. 그때 우리는 그리스도 정신을 갖게 된다. 왜냐하면 주 당신도 사람들로부터 섬김을 받기 위해 이 세상에 오신 것이 아니라 사람들을 섬기기 위해서, 또 주 당신의 생명을 인류의 속죄로 부여하기 위해서 이 세상에 오셨기 때문이다.

타인과의 관계에 있어서의 '나'

자신을 성장시키고, 우리 내면에 마지막까지 굽히지 않는 신념을 길러 주는 가장 소중한 자아가 의지할 곳을 타인의 참견이나 비판, 의견 때문에 버리는 일이 있어서는 안 된다. 시련을 당하게 되었을 때는 자기 자신에 대해서 진실했었는지, 자신의 내면을 돌아보기로 하자. 자기 자신에게 진실하지 못하면 타인에게도 진실해질 수 없으니.

옳고 그름, 좋고 나쁨을 판단할 능력이 자라남에 따라 우리는 자기 운명의 주인이 된다. 그것은 율법 중의 율법인 다음의 가르침을 지키는 데 있다: '네 마음을 다하여 주 너의 하나님을 사랑하고 또한 네 이웃을 내 자신같이 사랑하라.'누가복음 10:27

이것은 사람의 영성(靈性)에서 나오는 소망이다. 왜냐하면 육욕(肉慾)의 마음은 질투심을 본성으로 삼고 있기 때문이다. 모든 사람들 속에 희생과 사랑과 봉사를 촉구하는 조용한 목소리가 있다. 그 목소리는 또한 우리가 파국으로 향해 가면 경고를 발해 온갖 위험에서 지켜준다. 그 목소리에 귀를 기울이고 따른다면 단 하나의 과오도 범하지 않을 것이다. 다툼이 일어나는 일도, 가정이 붕괴되는 일도 없을 것이다. 왜냐하면 그때 우리는 이웃을 위한 일을 추구하고, 또 신의 뜻을 추구하게 되기 때문이다.

타인의 시선으로 자신을 관찰해 보자. 자신을 객관적으로 본다는 것은 매우 중요한 일이다. 오늘 하루 자신이 한 말과 행동을 다음과 같은 관점에서 반성해 보자. '나는 어째서 이런 일을 한 걸까? 그(혹은 그녀)에게 한 일을 신 앞에서도 할 수 있었을까? 나는 매일 접하고 있는 사람들에게, 신에 대해 내가 이해하고 있는 사실을 그들에게도 반영하려 하고 있는 것일까?'라고.

'우리 중에 누구든지 자기를 위하여 사는 자가 없고 자기를 위하여 죽는 자도 없도다'^{로마서 14:7}라는 성경 구절은 참으로 진실이다.

타인이 나에 대해서 어떻게 생각하는지를 아는 것도 필요한 일이다. 타인으로부터 자신의 언행 불일치를 지적받으면 자칫 비판을 받았다거나, 창피를 당했다고 생각하기 쉽다. 그러나 그런 생각을 품지 말고 우리가 언제나 이야기하는 자신의 이상에 따라서 스스로 자신을 평가해 달라는 자세를 취할 필요가 있다. 우리가 그렇게 되고 싶다고 소망하는 모습이 평소 자신의 말과 행동에 반영되고 있는지, 말과 행동이 어긋나지 않도록 자신을 돌아보고 자신을 단련하는 것은 우리의 의무이다.

명상과 자기평가로 자신을 알려고 노력하는 동안 우리는 성장 과정을 차례차례 통과해 나가게 된다. 우리는 만나는 사람들을 통해서 하루하루 조그만 빛을 보며, 그들의 말에 귀를 기울이고, 새로운 생각과 만나게 된다. 그 모든 사람들이 우리와 같은 길을 여행하고 있다는 사실을 깨닫게 해준다. 우리가 자신을 보다 잘 이해하게 되면 그만큼 다른 사람들에 대해서도 이해를 할 수 있게 된다. 이웃을 지금의 자신과 같은 사람으로, 혹은 예전의 자신의 모습으로 보게 되면 그들에 대해서도 관용적이 되지 않을까?

봉사가 지상에서 우리의 사명을 성취하기 위한 길이라면 '우리가 봉사해야 할 형제란 누구인가?'라는 의문이 생겨난다. 그에 대한 대답은 "봉사해야 할 형제란 인종이나 신념과는 상관없이, 또는 적이든 아군이든 도움을 필요로 하는 모든 사람을 말한다"이다. 같은 의문에 대해 예수는 다음과 같은 정의를 내리셨다. '누구든지 하늘에 계신 내 아버지의 뜻대로 하는 자가 내 형제요 자매요 어머니이니라.' 마태복음 12:49-50

우리가 일상의 활동을 그리스도를 기준으로 가늠하는 한 후회되는 일은 결코 없을 것이다. 주의 가르침에 따르는 한 우리는 보다 완전한 이해에 이르는 길로 안내된다.

스터디그룹의 한 멤버는 다음과 같은 계시를 받았다.

'자신에게 솔직해라. 자신의 신념에 따라서 살아라. 성스러운 횃불을 지상에 들어 올려라. 네가 되고 싶어하며 기도하는 그 사람이 되어라. 주 예수의 발자취를 너의 발걸음으로 삼아라.'

'창조력'과 자신의 관계

'창조력이신 신'과의 관계를 유지함으로 해서 우리는 맹인이 맹인을 인도하는 것과 같은 상황에서 벗어날 수 있으며, 신의 명령에 따라 행하는 모든 행위가 사실은 모든 것을 꿰뚫어 보시는 신에 의해서 인도되고 있다는 사실을 알게 된다.

> 내가 하늘에 올라갈지라도 당신은 거기 계시며,
> 내가 스올(음부)에 내 자리를 펼지라도 보라, 당신은 거기 계시니이다.
> 내가 새벽 날개를 치며 바다 끝에 가서 거주할지라도,
> 거기서도 주의 손이 나를 인도하시며 주의 오른손이 나를 붙드시리이다. 시편 139:8-10

신은 우리에게 말씀하시고, 인도하시고, 지켜 주신다. 그 사실을 깨닫도록 하자. 그리스도의 영은 우리가 신의 아들임을, 지금도 우리를 위해서 증거해 주고 있다. 우리의 영혼이 창조주를 향해서 진심으로 외칠 때 '의에 주리고 목마른 자는 복이 있나니 그들이 배부를 것임이요'마태복음 5:6라는 주의 약속에 의심을 품어서는 안 된다. 그러나 주께서 그 약속을 어떤 식으로 지키실지, 우리의 지혜로는 알 수 없는 일이다. 신을 구하는 모든 사람들은 신의 이름이 '나는 스스로 있는 자"이며, 신의 성스러운 궁전인 우리의 육체 내면에서 말

---

* 출애굽기(3:14)에 의하면 모세가 80세 때 신은 신의 산인 호렙에 나타나 애굽(이집트)에서 이스라엘 백성을 탈출시킬 사명을 모세에게 준 것으로 되어 있다. 모세가 '제게 사명을 주신 분의 이름을 이스라엘 백성에게 무엇이라 설명하면 좋겠습니까?'라고 묻자 신은 'I AM THAT I AM'이라는 이름의 신이 주었다고 답하라'고 말씀하셨다. 에드거 케이시는 리딩을 통해 이 'I AM

씀하시는 분이라는 사실을 알게 될 것이다. 이것이야말로 참된 깨달음이다. 실제로 우리는 육체와 정신체와 영체라는 세 가지 신체를 가지고 있는데 그것들이 사랑, 진리, 봉사에 있어서 주와 하나가 되었을 때 완전한 것이 되는 법이다.

자신에 대한 깨달음

우리의 육체, 정신체, 영체는 삼위일체의 그림자에 지나지 않는다. 삼위 가운데 육체는 인간이며, 정신체는 그 구세주에 해당된다. 왜냐하면 우리는 육체에 나타나려 하는 것을 정신의 힘으로 컨트롤하여 드러내기 때문이다. 영체는 창조주의 모습을 본떠 만들어졌으며, 영적 동반자로 만들어진 것이다. 그리고 육체는 영혼이 물질세계에 잠재되어 있는 동안 영혼에게 거처가 된다. 인생의 여러 경험 속에서 주어지는 기회에 자신이 어떤 식으로 대처하느냐 하는 것이 우리가 이 세상에서 사는 동안 영혼과 육체에 부여받은 힘을 발휘하는 것이 된다.

THAT I AM'에 대해 분명한 해석을 내렸다. 앞의 'I AM'은 자기 내면인 영을 나타내며 다음 'I AM'은 보다 커다란 영, 즉 신을 나타내는 것이다. 다시 말해 'I AM THAT I AM'은 신의 속성을 모두 반영한 자아를 의미한다. 또는 자신('I AM')이라는 개체이자 전체('THAT I AM')와 일체임을 의미하는 것이라고 여겨지기도 한다. 'I AM THAT I AM'이라는 신의 이름 속에 이미 자신('I AM')을 아는 것이 곧 신('THAT I AM')을 아는 길임이 나타나 있는 것이다.

자기 육체의 소망과 욕구를 안다는 것은 육체의 깨달음을 의미한다. 육체의 소망과 욕구를 이기적인 형태로 만족시키는 것은 죄악이 된다. 성경 속에 인류의 조상으로 묘사되어 있는 아담과 이브의 이야기가 이 사실을 상징적으로 보여준다. '여자가 그 나무를 본즉 먹음직도 하고 보암직도 하고 지혜롭게 할 만큼 탐스럽기도 한 나무인지라 여자가 그 열매를 따먹고 자기와 함께 있는 남편에게도 주매 그도 먹은지라.'^{창세기 3:6}

정신의 힘으로 육체의 소망을 컨트롤이 가능한 단계가 되면 그것은 정신적인 깨달음을 얻었다는 사실을 의미한다. 성경에도 '다니엘은 뜻을 정하여 왕의 음식과 그가 마시는 포도주로 자기를 더럽히지 아니하리라 하고'^{다니엘 1:8}라고 기록되어 있다. 표면적으로 보면 이것은 인생의 기쁨을 희생한 삶인 것처럼 보이지만, 실은 정신적 각성이라는 빛 속에 선 인간의 모습을 묘사한 것이다.

그리고 우리가 자기 내면의 영과 외부의 영을 조화시킬 수 있다는 사실을 깨닫고(즉, 영혼이 참으로 바라는 것은 신의 소망과 같다는 사실을 깨닫고), 또 내면의 영과 외부의 영이 하나이자 신이라는 같은 근원에서 나왔다는 사실을 알게 되기에 이르렀을 때, 우리는 영적으로 각성을 한 것이다. 이러한 사실은 사람들 사이를 돌아다니신 예수의 생애에 훌륭하게 나타나 있다.

우리가 '모든 선의 근원이신 신'에게 항상 마음을 동조시켜 신의 영을 자신의 증인으로 삼을 수 있도록 염두에 둔다면^{로마서 8:16 참조} 자연스럽게 각성에 이르게 된다. 그때 우리가 참된 신의 아들이라는 사실을 알게 된다. 우리가 영적으로 각성했다는 사실의 증거는 우리의 인내와 관용과 감내(堪耐)로, 그리고 사람들의 고통을 바라지 않고 모든 사람이 '진리'에 이르기를 바라는 마음으로 표현된다. 이와 같은 미덕들을 나날의 생활에서 실천할 때 우리는 사람들을 인도하는 자가 된다.

마무리

우리는 '창조력'이 흐르는 수로가 될 수 있도록 육체적으로나 정신적으로 그러한 생활을 의식해야 한다. 우리는 자신의 생각에 좀 더 주의를 기울여야 한다. 왜냐하면 생각이란 곧 행위이고, 생각은 정신과 영혼의 융합에 의해서 태어나는 자식이기 때문이다.
　우리는 자신이 항상 생각하고 있는 그런 사람이 된다. 우리가 마음속에 품고 있는 생각이 우리 자신의 육체에 각인되고, 우리 영혼의 식량이 될 뿐만 아니라 다른 세계로 옮겨 갔을 때 우리의 영혼이 상속받는 재산이 된다.
　의지는 영혼에 속하는 것이다. 우리는 의지를 행사함으로써 자기 자신을 창조주와 하나가 되게 할 수도 있으며 창조주에게서 멀어질 수도 있다. 우리의 의지에 따라 창조주와 피조물 사이에 놓인 불변의 법칙을 따를 수도 있고 그들 법칙을 부정할 수도 있다.

바람직한 길을 따르겠다고 각자 굳게 결심해야만 한다. 이 길은 한 사람 한 사람이 신념에 바탕을 둔 첫걸음을 떼어놓기를 요구한다. 설령 육체적, 정신적으로 괴로운 상황에 빠진다 할지라도 그 길을 끝까지 가겠다는 강한 결의가 필요하다. 우리는 내면의 '신의 힘'이 우리에게 인내하는 데 필요한 힘을, 그리고 거부해야 할 때는 당당하게 거부할 수 있는 힘을 준다는 사실을 믿어야 한다. 자신이 필요로 하는 일을 생각하기 전에 다른 사람이 필요로 하는 일을 생각하자.

육체적, 정신적, 영적으로 신 앞에서 인정받은 자[디모데 후서 2:15 참조]로 설 수 있기를 바라고, 노력하자. 육체적 욕구 때문에 마음이 어지러워지는 일이 없도록 노력하자.

때때로 다음과 같이 자문해보자. 인생에서의 목적이 부(富)나 권력이나 지위를 획득하는 것이 되어 있지는 않은지? 그로 인해서 자신의 영혼을 잃어버린 것처럼 되어 있지는 않은지?

무엇을 선택하든 그 선택권은 우리에게 있다. 그리스도는 언제라도 도움을 주신다. 그래도 우리는 스스로 의식의 문을 닫으려 할 생각인가?

세 번째 가르침

나의 이상은 무엇인가?
What Is My Ideal?

"너희 안에 이 마음을 품으라. 곧 그리스도 예수의 마음이니."
– 빌립보서 2:5

기도의 말

신이시여, 부디 저를 가엾이 여기시고
믿음이 약한 저를 도와주소서.
당신이 제게 보이시려 하시는
동포의 모습을 주 안에서도 보게 해주소서.
제가 숭배하는 주 안에서 본 것을
동포 속에서도 보게 해주소서.

세 번째 가르침
나의 이상은 무엇인가?

시작하며

이상(ideal)이란 무엇일까? 이상이란 우리가 마음속에 그리고 있는 완전한 상태를 말한다.

'마음은 건설자(builder)'이다. 우리는 그것이 물질적인 것이든 정신적·영적인 것이든 마음속으로 숭배하는 대상, 사랑하는 대상을 향해 노력한다. 그리고 우리는 자신의 경험을 바탕으로 자기 나름대로의 생각과 사고를 만들어간다. 그런데 문제는 이렇게 형성된 사고를 종종 자신의 이상과 혼동한다는 데 있다. 이상이란 어디까지나 지금의 자신을 넘어선 곳에 있으며, 그 이상을 향해 우리는 노력해 나가는 것이다. 우리가 단순한 생각에 지나지 않는 것을 이상이라고 착각하고 있으면 우리의 영혼은 발전해나갈 방향성을 잃고 내부에서부터 무너지기 시작한다.

어떠한 상황에서도 이상(理想)은 존재한다. 우리가 그것을 명확히 의식하고 있지 못한다 할지라도 이상은 우리에게 동기를 부여하는 기반이 되기 때문이다.

이상은 성장과 함께 높아진다

우리가 어렸을 때 그렸던 목표는 청년기에 세운 목표에 비해 상당히 유치했을 것이다. 마찬가지로 우리가 어렸을 때 품었던 신에 대한 개념도 성장과 함께 깊이를 더해 '아바(Abba), 아버지여'*[마가복음 14:36]라고 부를 수 있는 '영적인 신'에 다가가게 된다. 이처럼 우리의 이상도 우리가 성장함에 따라 확대되어 결국에는 완전함의 극치, 모든 선의 근원,[야고보서 1:17 참조] 우리 영혼의 기원인 '창조 에너지'에까지 도달하게 된다.

육체와 정신, 그리고 영혼(spiritual)이라는 각각의 관점에서 이상에 대해 생각해보면, 이상이란 우리가 자신의 인생을 형성할 때 의

---

* '아바'란 히브리어로 어린아이가 아버지를 친근하게 부를 때 쓰는 말. '아빠'와 같은 말. 예수가 세상에 오셨을 때 사람들에게 신은 오로지 경외해야 할 존재였으나 예수는 신을 '아빠'라고 부름으로써 신이 아버지처럼 친근한 존재임을 가르쳤다.

지해야 할 귀감이라고 말할 수 있다. 또한 우리는 '모든 것은 하나'라는 진리에 따라서 물질적·정신적 이상을, 영혼이 깃든 영적 이상에 일치시켜야 한다. 우리는 자신의 현재 상황에 맞춰 영적 귀감을 낮은 수준으로 설정해서는 안 된다. 오히려 그 영적 귀감에 맞도록 자신을 끌어올려야 한다. 왜냐하면 그 영적 귀감을 만들고 완성시킨 것은 신이기 때문이다.

참된 이상이란?

참된 이상이란 이 물질세계에서 목표로 삼아야 할 최고의 영적 도달점이다. 따라서 '내가 곧 길이요'*라고 선언한 그리스도 안에서 우리의 이상을 발견해야만 한다. 그리스도 이외의 길을 오르려 하는 자는 자기 자신에 대해서 도둑이자 강탈자이다.요한복음 10:1 참조 진리를 구하는 사람들은 설령 그 표현방법은 다르다 할지라도 길(way)로서의 그리스도를 인정한다. 스터디그룹 멤버가 그것을 다음과 같이 보여주었다.

---

* '내가 곧 길이요'라는 말은 즉, 예수 안에 우리가 도달해야 할 정신성·영성의 모든 것이 성취되어 있어 영적 성장을 바라는 사람은 어떤 신앙을 가지고 있든, 어떤 영적 교의를 실천하든 필연적으로 예수가 보여준 정신성·영성을 목표로 걸어간다는 사실을 의미한다.

"예수가 그랬듯이 저의 생각, 말, 행동을 언제나 제 내면에서 신(神)을 따르는 자아에 뿌리를 두고자 합니다. 주께서 제게 허락하신 일을 행하며 주의 말씀에서 멀어진 사람들을 돕는 삶을 살고 싶습니다. 그것이 저의 이상입니다."

"우리의 머리로는 이해할 길이 없는 신이시여. 부디 저로 하여금 당신의 영광을 이 세상에 나타내게 하소서. 자비심 깊으신 아버지여. 부디 당신의 아들을 위해서, 제가 신의 아들임을 제 영과 함께 증거해 주시는 신의 영을 주십시오.^{로마서 8:16} 제 동포가 진실로 당신과 하나임을 제가 깨닫게 해주소서. 참된 이상에 도달할 수 있도록 저를 새로운 삶, 새로운 평안, 새로운 사랑, 새로운 지식, 새로운 이해에 눈뜨게 해주소서."

"저의 이상은 본질적으로 영적인 것입니다. 안내자이신 그리스도, 선구자이신 그리스도, 길이신 그리스도. 이것이 저의 이상입니다. 그리스도의 길이 저의 길이며 그리스도의 소망이 저의 소망입니다. 그리스도처럼 되는 것이 저의 이상입니다. 저희는 신의 아들이자 그와 같은 자로 살아야 합니다."

"저의 이상은 물질적인 형태로든 정신적·영적인 형태로

든 신의 마음이 이루어지는 데 필요한 완전한 수로가 되는 것이며, 우리의 고향이자 아버지이신 신의 품으로 돌아가는 것입니다. 제가 희망하는 것, 바라는 것이 만물을 창조하신 그분 속에 있기를."

예수는 우리의 길이자 규범이며, 실현해야 할 이상의 모든 미덕이 예수 안에 갖추어져 있다. 사람들의 교화와 동포에 대한 봉사로 점철된 예수의 생애는, 예수가 도달하신 높이에 이르기 위해 우리가 걸어가야 할 길을 보여주고 있다. 우리의 말, 생각, 행동 하나 하나가 매일 만나는 사람들에게 신의 축복을 가져다줄 정도로 우리가 그리스도의 의식(意識) 안에서 완성될 때 우리의 이상이 진실하다는 것을 확신할 수 있다.

이상을 이루다

이상은 인간의 손에 의해 만들어지는 것이 아니다. 이상은 그 근원을 진리이신 신에게 둔 것이어야만 한다.

신께서 인간에게 내리신 선물은 개개인의 영혼이다. 사람의 영혼은 신과 하나가 될 수도 있다. 신과 한몸이라는 사실

을 자각하면서, 동시에 개개의 독립된 존재로서의 자아를 알
수가 있다. '온전한 신'의 속성을 가지면서도 온전한 신 그 자
체는 아닌 존재이다.^{리딩 262-11}

우리는 육체, 정신, 영혼 모두에 있어서 이와 같은 원리(즉, 온전한 신과 하나면서도 동시에 별개라는)를 이상으로 삼아야 한다. 누구라도 이러한 이상에 도달할 수 있다. 우리는 결코 '이상' 그 자체가 될 수는 없다. 우리에게 가능한 일은 이상과 하나가 되는 것이다.

이러한 이상이 수립되었다면 더 이상 두려움은 생기지 않는다. 그렇게 되면 박해자 가운데 씩씩하게 홀로 선 예언자 다니엘과 같은^{다니엘 6장} 힘이 우리 한 사람 한 사람에게서 솟아오른다. 우리는 타인 속에서 아버지이신 신을 발견함으로써 그 이상을 달성한다. 그러니 다음과 같이 기도하자.

> 신이시여, 부디 저를 가엾이 여기시고 믿음이 약한 저를
> 도와주소서. 당신이 제게 보이시려 하시는 동포의 모습을 주
> 안에서도 보게 해주소서. 제가 숭배하는 주 안에서 본 것을
> 동포 속에서도 보게 해주소서.^{리딩 262-11}

우리는 그리스도를 통해서 이와 같은 기도를 자신의 것으로 삼을 수가 있다. 낙원에서 쫓겨난 인간의 내면에서 빛나는 신성(神性)을

찾기 위해서는 모든 것을 비추시고 꿰뚫어 보시는 그리스도 의식의 빛이 필요하다. 사람을 책망하는 대신 축복하고, 탓하는 대신 사랑하기 위해서는 그리스도의 마음이 필요하다.

밭의 작물이 풍성하게 익어 이제는 수확만을 기다리고 있다. 그런데도 수확을 위한 일손은 얼마나 적은지. 마태복음 9:37, 누가복음 10:2, 요한복음 4:35 그렇기 때문에 불신과 의혹이라는 마음의 어둠이 찾아오기 전에 우리는 부지런히 일을 해야 한다.

모든 사람들 안에 깃들어 있는 신성의 참된 의미를 파악하고 진심으로 신과 함께 일하는 것, 바로 이것이 우리가 물려받은 유산이다. 자기 내면의 그리스도 의식이 높아지면 높아질수록 우리는 자유로워지며, 그 자유가 '이상'을 실현시켜 준다.

그리스도가 보는 것처럼 사람을 보고, 그리스도의 길로 자신을 나아가게 한다면 우리의 일상 행동과 말, 생각을 통해서 자신뿐만 아니라 다른 사람들 속에서도 그리스도 의식이 표현되고 있다는 사실을 알게 된다. 어느 사람에게서나 칭송해야 할 점을 찾고, 어떠한 때라도 누구를 대할 때라도 결코 험담, 거친 말을 하거나 신랄한 말, 불친절한 말을 입에 담지 않도록 하자.

해야 할 일이라고 믿는 일은 무슨 일이든 애정을 담아서 행하고 그 결과는 신께 맡기자. 자신의 내면 깊은 곳에서 발견해낸 목적을 힘껏 붙잡자. 주님의 약속은 확실하다. 설령 위급한 사태가 벌어진다 할지라도 이 세상에 영적인 계시로 해결할 수 없는 상황은 존재하지 않는다는 사실을 기억하도록 하자. 고통스러운 일, 괴로운 일이 일어날지도 모른다. 그러나 배 안에서 거친 바다를 잠잠케 한 예수처럼^{마태복음 8:23} 어떤 상황에서도 번민하는 마음을 평정하게 할 힘이 우리 속에는 있다. '찾으라 그리하면 찾아낼 것이요 문을 두드리라 그리하면 너희에게 열릴 것이니'^{마태복음 7:7}라고 예수는 가르치셨다. 우리는 용기를 가지고 대담하게 스스로의 '이상'을 목표로 살아가야 한다.

이상을 목표로 살아가는 것은 사람들에게 희망을 가져다준다. 이상을 목표로 살아가는 것에 지레 겁을 먹거나 오해를 두려워한 나머지 우리가 얻어 온 희망을 사람들에게 나눠주지 못한다면 우리는 참으로 불안하고 나약한 인간이 되어버리고 만다.

마무리

우리는 영적인 이상(spiritual Ideal)을 선택했을까? 그 이상에 의해서 자신의 인생을 평가하고 있는 것일까?

자기 자신을 꼼꼼하게 되돌아보아서 자신이 설정한 이상이 우리의 시선을 타인의 장점을 찾으려 하고, 그들의 장점을 자신 안으로 받아들이려 한다면, 또 신이 타인 속에서도 나타난다는 사실을 깨닫게 해준다면 우리가 설정한 '이상'은 틀림없이 우리를 성장시키고 하늘에 계신 아버지가 그런 것처럼 우리를 배려 깊은 사람으로 만들어 줄 것이라는 사실을 알게 될 것이다. 배려하는 마음을 가짐으로써 우리는 이해를 초월한 평안을 발견할 수 있다.

우리의 '이상'은 무엇일까?

그것은 길이신 그리스도이다. 그리스도는 이렇게 약속하셨다. '볼지어다. 내가 문 밖에 서서 두드리노니 누구든지 내 음성을 듣고 문을 열면 내가 그에게로 들어가 그와 더불어 먹고 그는 나와 더불어 먹으리라.' 요한계시록 3:20

주의 약속은 확실하다. 그렇다면 마음에서 불안을 내몰고 편안한 마음으로 그리스도의 길을 나아가도록 하자.

네 번째 가르침

믿음
Faith

"모든 것 위에 믿음의 방패를 가지고 이로써 능히 악한 자의 모든 불화살을 소멸하고."
– 에베소서 6:16

기도의말

신이시여,
제 속에 깨끗한 마음을 만드소서.
신을 탐구하는 모든 사람들 속에 심으시는
그 신앙에 제 마음을 열게 하여 신에 대한 불신,
이웃에 대한 불신,
자신에 대한 불신에서 저를 구하소서.

네 번째 가르침
믿음

믿음이란 무엇인가?

믿는 마음은 영혼이 가진 속성 중의 하나이다. 믿음은 우리의 영혼이 우주의 '창조력'을 앎으로써 생겨난다. 우리는 육체의 오감을 통해 육체를 인식한다. 마찬가지로 우리는 영혼 본성의 작용을 통해 영혼을 안다. 영혼의 본성인 믿음을 부정하고 그대로 내버려두면 결국에는 우리 의식에서 믿는 마음이 사라져 버린다. 믿음의 의미를 알고 실천하면 그것은 산까지도 움직일 수 있는 것[마태복음 17:20, 21:21, 마가복음 11:23]이 된다. 자기 자신의 영적인 힘의 활동에 의해서 의식에 전해지는 것, 바로 그것이 믿음의 핵심이 되는 것이다.

믿음이라는 행위에 이와 같은 측면이 있기 때문에 많은 사람들은 믿음이라는 것이 (특히 순수한 신앙은) 오감을 통한 인식 범위를 넘어서 합리적인 근거 없이 현상을 받아들이기도 하고 거부하기도 하는 것이라 여기고 있다.

바울의 전도여행에 동행했던 바나바(Barnabas)는 믿는 마음에 대해 다음과 같이 정의했다. '믿음은 바라는 것들의 실상이요 보이지 않는 것들의 증거니.'^{히브리서 11:1 참조}

믿음이란, 믿는 즉시 그것이 이미 신에게 받아들여졌다는 사실을 알고 아무런 의심도 없이 그처럼 행동하는 것을 의미한다. 믿음으로써 불가능이라 여겨지는 일을 실현시킨다. 믿음이 이 세상에 존재하는 모든 것늘을 존재할 수 있게 해 왔다.^{창세기 1장 참조}

신이 계시는 곳에 믿음 또한 있다. 우리 마음속에 믿음이 있다는 사실 자체가, 신이 우리에 대한 약속을 성취하셨다는 사실의 증거이다. 사람의 선천적인 특권은 믿음을 기르고, 믿는 마음이 가져다 주는 열매를 받아들여 사용하고 맛보는 것이다.

이 물질세계에서 우리는 종종 '신용'과 믿음을 혼동하는 실수를 범한다. 우리는 그것이 사람을 현혹하는 행동이라는 사실을 잊고 자칫 육체의 감각에 의지하기 쉽다. 그것은 믿음이 아니라 '신용'이다. 신용은 육체적 감각에서 생겨나는 것이기 때문이다. 자신의 힘으로는 극복할 수 없을 것 같은 시련이나 재난을 만나면 순간 마음이 약해지며 실망과 고뇌 속에서 소리치게 된다. '신이시여, 도와주소서. 저희는 이제 틀렸습니다!'라고. '너희 믿음이 작은 자들아'^{누가}

복음 12:28라고 커다란 '목소리'가 말하는 것은 이때이다.

우리가 가지고 있는 것이 '믿음'인지 신용인지 확인해보기로 하자. 영적인 것은 영적 관점에서 바라보고 영적으로 받아들여야 한다.

'내게는 믿음이 있다'라고 말하는 사람들의 대부분도 믿음은 정신적인 것과 관련이 있으며 물질적인 것에는 적용되지 않는다고 주장한다. '믿습니다. 하지만……'이라는 모순된 말을 흔히 들을 수 있다. '하지만'이라는 말 속에는 이미 믿음과는 정반대가 되는 의심하는 마음이 포함되어 있다.

이 물질세계에 태어난 순간 우리는 물질 법칙의 지배를 받게 되었다는 사실을 떠올려 보자. 물질세계에서는 육체 감각을 통해 세계를 인식하지만 이 육체 감각으로는 영적 법칙을 올바로 인식하거나 그것을 완전히 이해할 수 없다. 따라서 우리의 대부분은 참된 의미에서의 믿음을 거의 가지고 있지 못하다.

우리 앞에는 이해해야 할 세계가 놓여 있다. 그것은 우주의 신비이자 사랑의 법칙이며 이념의 힘, 믿음이라는 비할 바 없는 선물이다. '만일 너희에게 믿음이 겨자씨 한 알만큼만 있어도 이 산을 명하여 여기서 저기로 옮겨지라 하면 옮겨질 것이요, 또 너희가 못할 것이 없으리라'마태복음 17:20는 주님의 약속을 손에 쥐고 있어도 우리는 넘어지고 비틀거린다. 그와 같은 약속이 있으니 '주여 내가 믿나이다. 나의 믿음 없는 것을 도와 주소서'마가복음 9:24라고 외쳐야 하는 것 아닐까?

믿음의 필요성

우리의 인생에서 믿음이 제 자리를 차지하고 있다면 실패란 있을 수 없다. 참된 성공만이 있을 뿐이다. 따라서 믿는 마음은 그것 자체로서 이미 승리다. 그리스도는 '죽도록 충성하라 그리하면 내가 생명의 관을 네게 주리라'요한계시록 2:10고 말씀하셨다. 이 말은 언제나 믿음으로 충만하라, 그리고 그 보수로 생명의 가장 커다란 영광을 받으라는 의미이다.

육체적, 정신적, 영적 성장은 모두 신에 대한, 동포에 대한 그리고 자기 자신에 대한 믿음에 의한 것이라는 사실을 우리는 잘 알고 있다. 신을 믿고 자신을 믿는 정도에 따라서 우리는 성장하는 것이다. 우리는 신의 아들이라는 사실에 대한 자각을 행동으로써 세상에 보이고, 그에 따라서 믿음을 살아 있는 것으로 만들고, 신을 그 말대로 믿기로 하자. 그것 이외에 참된 승리로 가는 길은 없으니.

동포에 대해서 더욱 큰 신뢰를 갖도록 하자. 우리가 어떤 사람에게 동의할 수 없다 할지라도, 그 사람이 우리의 지시에 따르지 않으면 신의 계획에 일치할 수 없다고 누가 말할 수 있겠는가?

우리의 '이상'이 우리를 통해서 나타나는 것처럼, 동포를 통해서도 나타난다는 사실을 기억하자. 그 나타나는 모습이 우리의 눈에는 이상에 반하는 것처럼 보일지라도 동포를 믿는 마음은 더욱 필요하다.

자신을 믿는 것은 우리들의 특권일 뿐만 아니라 의무이기도 하다. 우리는 신과 함께 일하는 자이니, 자신을 의심한다는 것은 우리 속에 계신 신을 의심하는 것이다. 그리스도는 '내가 결코 너희를 버리지 아니하고 너희를 떠나지 아니하리라'^{히브리서 13:5}고 약속하셨다. 그리고 '내게 능력 주시는 자 안에서 내가 모든 것을 할 수 있느니라'^{빌립보서 4:13}는 말을 떠올리기로 하자. 우리는 주의 이름으로 인해 정복자보다 뛰어난 자가 되는 것이다. 그리스도가 언제나 함께 한다는 사실을 믿어 의심치 않는 어린아이 같은 믿음에 의해서만 우리는 신의 나라를 물려받기를 바랄 수 있는 것이다.

믿음이란 보이는 것과 보이지 않는 것을 이어주는 다리(bridge)이다. 모든 것들이 자신과 대립되는 것처럼 보일 때, 우리가 잃은 모든 것은 사실 믿음인 경우가 종종 있다. 이 사실을 마음에 새겨 두고 모든 일이 순조롭게 풀릴 때일수록 믿음을 길러 인생의 폭풍이 거칠게 불어 닥칠 때 우리를 굳건하게 지켜주는 견고한 요새로 삼아야 한다.

주여, 우리의 믿음을 더욱 크게 해주소서!

어떻게 믿음을 기를 것인가?

믿음은 그것을 사용함으로써 자라난다. 그것은 가르쳐 줄 수도 강요할 수도 없다. 또한 믿는 마음이 참된 것이라면 그것을 깨뜨릴 수도 없다. 믿음을 실천함으로써 우리는 다른 사람들을 계발할 수 있다.

예수 그리스도 안에 있던 마음이 우리 안에도 있기를. 그리스도의 마음이 우리 안에 있다면 어떠한 필요에도 충분히 응할 수 있다고 믿는 마음이 생기고, 그것은 산까지도 움직일 수 있는 힘이 되며, 나라의 운명을 바꾸고 나아가서는 '세계를 존재케 하는 힘'[창세기 1장]이 되기도 한다.

우리는 이 사실을 정말로 믿고 있는 것일까? 믿고 있다면 어떻게 해야 그것을 달성할 수 있을까? 명상 속에서 은혜와 아름다움과 힘의 왕좌를 둘러싼 신비로운 힘에 우리의 마음을 열고, 또 그리스도를 생각함으로 해서 생겨나는 수호의 힘을 우리 주위에 펼침으로써 이것을 실현할 수가 있다. 그리고 우리의 믿음에 더하여 신의 영을 이 세계에 나타내는 일을 하도록 하자. 이렇게 해서 우리의 믿음은 자라나며 우리는 아직 보지 못한 것의 증거가 되는 것이다. 우리가 믿고 있다는 사실, 우리가 믿음을 가지고 있다는 사실 그리고 자신의 손에 있는 것을 활용함으로 해서 보다 많은 것을 부여할 수 있다는 사실, 이러한 점들을 우리가 알고 있다는 사실을 매일매일의 행동을 통해서 보여야만 한다.

시련이 닥쳤을 때에는 우리보다 훨씬 커다란 시련을 당했던 사람들을 지탱해주었던 믿음을 떠올리기로 하자. 우리의 마음에 의심이 스며들 것 같은 때에는 육체의 목소리보다 뛰어난 믿는 마음을 불러일으키자. 우리는 '지고한 자'의 아들이 아닌가? 신이 우리에게 주신 믿는 마음을 꼭 붙들도록 하자. 그렇게 하면 믿음이 우리 인생 행로를 따라 위쪽으로 인도를 해준다.

'협력'에 대해 배우고 실천하며, '자신을 앎'으로 해서 얻은 지식을 활용하고, 설정한 '이상'을 굳게 지키고, 자신의 '믿는 마음'을 결코 꺾이지 않게 한다면 우리는 만나는 사람들의 인생 속에 살아 있는 진리를 한 뼘 한 뼘 쌓아 나가게 된다. 자신이 알고 있는 사실을 실생활에 활용함으로써 믿는 마음이 체험 가운데 길러지며, 살아 있는 것이 되어 가는 것이다. 이러한 사실을 우리는 분명히 이해하게 된다. 우리의 나날의 삶은 우리가 숭배하는 것을 반영한다. 우리 속에서 빛을 발견한 사람들이 신의 영광을 칭송하는 자가 되는 것처럼 우리의 빛을 반짝이게 하자.

믿음이 충만한 곳

인생의 모든 상황에서 우리를 지탱해주는 '믿음'은 이기적인 사랑에서 해방된 마음속에만 깃든다. 우리의 믿음은 우리를 지탱하고, 살아 있는 것이며, 매일 시험을 통해서 확고하고 견실한 것임을 알아야 한다. 진실한 믿음이 있다면 거기에 두려움은 존재하지 않는다. 아버지이신 신께서 영원히 우리를 사랑하신다는 사실을 진심으로 믿는다면 대체 무엇이 근심거리가 될 수 있겠는가?

믿음에 충실한 사람의 앞에는 한 걸음 한 걸음 길이 펼쳐진다. 왜냐하면 그리스도의 말씀은 우리의 발걸음을 비추는 빛이기 때문이다. 길이 어둡고 장애가 극복하기 어려운 것이라 여겨질 때, 주의 약속 위에 서는 자를 의로운 태양빛말라기 4:2이 비춘다.

믿는 마음이 우리 안에 있으면 우리는 참된 의미로서의 자유를 얻게 된다. 그리고 예수 그리스도만이 우리의 '주인(master)'이라는 확신과 아버지이신 신의 강인한 팔이 지켜주고 있다는 사실에 대한 확신을 얻게 된다. 신이 지켜주신다는 사실에서 오는 안도감과 평안함은 지식으로 이해할 수 있는 것이 아니다. 그것은 믿는 마음으로만 발견할 수 있는 것이다. '너희가 구하는 것은 무엇이든 주겠다'는 먼 옛날의 약속을 성취하는 것이 믿는 마음이다.

자기분석의 필요성

물질주의의 일그러진 세상에 매몰된 사람들은 그렇게 생각하지 않겠지만 마음의 문제를 해결하는 것은 육체적인 일보다 인간에게 훨씬 더 중요한 문제이다. 마음이 자유로워진다면 싸움은 이긴 것이나 다름없다. 마음의 고통은 육체적인 괴로움보다 더욱 크다. 육체적 고통은 마음으로 극복할 수 있지만, 고통스런 마음을 돕기 위해서는 영혼의 힘이 필요하기 때문이다.

미개인은 비를 내리고, 태양을 떠오르게 하고, 자신들을 번개로부터 지켜주는 신을 숭배한다. 현명한 사람은 마음과 영혼에 평안을 가져다주는 신을 구한다. 우리는 자신이 누구를 믿고 있는지 알고 있을까? 만약 그렇다면 우리가 목표로 삼고 있는 이상은 정신의 힘, 상상의 힘, 영의 힘에서 오는 끊임없는 신앙 활동의 토대가 된다. 우리는 그렇게 함으로써 자신이 내건 이상을 표현하고 실현한다. 그것은 자신을 칭찬하기 위해서가 아니라 자신이 받은 축복을 사람들에게 보여 다른 사람들의 인생 속에서도 축복이 깃들기를 바라기 때문이다.

자신의 마음을 살펴서 우리가 신과 함께 일하는 자가 되었다는 사실을 확인하자. 자신을 분석하여 자기 육체의 나약함이 어디에 있는지, 가장 실패하기 쉬운 것은 어떤 부분인지를 파악하고 굳건한 믿음에 따라서 이상을 지킬 수 있도록 언제나 스스로의 영혼에 활력을 부여하자.

믿음의 증거

"인생이 어둠에 둘러싸여 나아가야 할 길이 보이지 않을 때도 가만히 인내할 수 있다면 그것은 믿음이 있다는 증거입니다. 인생이라는 바다에 거친 파도가 일 때도 용솟음치는 파도 위에 발걸음을 내딛을 용기를 낼 수 있는 것은 '고요하라. 내가 너와 함께 있다. 너를 모르는 척하지는 않을 것이다'^{마가복음 4:39}라고 말씀하신 성스러운 선물이 우리 존재의 중심에 굳건하게 자리 잡고 있기 때문입니다. 우리는 그 말을 들어 왔습니다. 이 목소리는 우리가 귀 기울이기 위한 시간만 만든다면 언제라도 들을 수 있습니다."

"의심이 생길 때, 절망의 먹구름이 몸을 감싸려 할 때 '나의 하나님, 나의 하나님 어찌하여 나를 버리셨나이까'^{마가복음 15:34}라고 우리는 외치지 않습니까? 그에 대한 답을 얻을 수 없는 것일까요? 우리는 괴로운 체험을 통해서 강해지며 동포의 괴로움에 대해서도 보다 깊이 이해할 수 있게 되는 것은 아닐까요?"

"몇 년 전의 일입니다만 한 유명한 동굴을 둘러보는 투어에 참가한 적이 있었습니다. 모든 사람들이 만족스러운 듯했습니다. 그런데 그 동굴에 들어간 지 얼마 되지 않아서 저는 참으로 무섭다는 생각이 들기 시작했습니다. '출구를 잃어버리면 어떻게 하지? 우리는 어떻게 되는 걸까?'라는 불안감이 일기 시작한 것이었습니다. 공기조차 무겁게 저를 짓누르는 것 같았으며, 거기서 몇 년이나 살아온 것 같다는 느낌이 들었습니다. 그때 저를 몇 번이고 지탱해 주었던 그 목소리가 들려왔습니다. '볼지어다, 내가 너희와 항상 함께 있으리라'마태복음 28:20, '두려워하지 말라'요한복음 6:20고. 이러한 말과 함께 믿음이 더욱 강해졌습니다."

"사랑하는 사람을 고통에서 구해주고 싶어도 구체적인 형태로는 아무런 도움도 줄 수 없을 때, 우리는 기도에 의해서 도움을 줄 수 있다는 사실을 종종 경험합니다. 이것은 조상들이 가졌던 신앙이 지금도 부활하고 있음을 증거하는 일이 아닐까요? 신의 약속이 확실하다고 진심으로 믿는 것은 괴로울 때뿐만 아니라 그 어떠한 때에라도 우리에게는 커다란 위안입니다."

신앙의 보수

믿음으로 해서 얻을 수 있는 보수는 우리가 실천하는 신앙에 비례한다. 예수는 '너희 믿음대로 되라'마태복음 9:29, 혹은 '기도할 때에 무엇이든지 믿고 구하는 것은 다 받으리라 하시니라'마태복음 21:22고 말씀하셨다. 이 보수에 상한선은 없다. 보수의 양을 결정하는 것도 우리이고 그것을 요구하는 것도 우리이다. 성경에 '내가 하늘 문을 열고 너희에게 복을 쌓을 곳이 없도록 붓지 아니하나 보라'말라기 3:10 고 적혀 있는 대로이다.

자신을 축복의 수로로써 열어놓고 신에 대해 온전한 믿음을 품도록 하자. 왜냐하면 이 싸움은 주의 것이기 때문이다.사무엘상 17:47, 신명기 20:4, 역대기하 20:15 참조 우리가 아낌없이 스스로를 아버지이신 신의 손에 맡겼다면 이제는 자신이 무엇을 할 수 있을지 찾는 일만이 남았다. 예수는 약속하셨다. '내가 아버지께 구하겠으니, 아버지는 너를 위해 또 다른 변호자를 주실 것이다. 너를 모든 진리 가운데로 인도할 진리의 성령도 주실 것이다.'요한복음 14:16, 16:13 참조 라고.

바울은 히브리서 속에서 다음과 같이 말했다.

'내가 무슨 말을 더 하리요. 기드온, 바락, 삼손, 입다, 다윗 및 사무엘과 선지자들의 일을 말하려면 내게 시간이 부족하리로다. 그들은 믿음으로 나라들을 이기기도 하며 의를 행하기도 하며 약속을 받기도 했다. 그러나 그들은 모두 그 신앙으로 인하여 신에게 인정을 받았으나 약속된 것을 전부 손에 넣은 것은 아니다.히브리서 11:13 신은 우리를 위해서 더 좋은 것을 주셨다. 그들은 예수에 의해서 완성된 구원의 길을 가지고 있지 않았기 때문에 우리에게 허락된 완전한 상태에는 달할 수 없었던 것이다.* 따라서 우리도 역시 이처럼 수

---

* 케이시에 의하면 예수가 신앙에 의한 영적 구원의 길을 완성하기 이전, 사람은 신앙에 의해서만은 윤회를 초월할 정도의 영적 성장을 달성할 수 없었다고 한다. 예수가 인류를 위해서 신앙에 의한 영적 구원의 길을 완성시켰기 때문에 예수 이후의 사람들은 신앙에 의해서 영적인 지위를 회복할 수 있게 되었다고 한다.

많은 증인들에 둘러싸여 있는 이상 모든 무거운 짐과 엉겨드는 죄를 내버리고 자신에게 정해진 경쟁에 강한 인내심을 가지고 끝까지 임해야 하지 않겠는가, 신앙의 창시자이자 완성자인 예수를 바라보면서.' 히브리서 11:32-33, 12:1-2

다섯 번째 가르침

미덕과 이해
Virtue and Understanding

"끝으로, 형제들아 무엇에든지 참되며 무엇에든지 경건하며 무엇에든지 옳으며 무엇에든지 정결하며 무엇에든지 사랑 받을 만하며 무엇에든지 칭찬 받을 만하며 무슨 덕이 있든지 무슨 기림이 있든지 이것들을 생각하라."
– 빌립보서 4:8

기도의 말

원컨대 미덕과 이해가 제게 있기를.
오오, 주이신 저의 구세주여,
당신 안에 서의 '곧음'이 있습니다.
당신은 허심탄회한 자의 기도를 들어주시기 때문입니다.

다섯 번째 가르침
미덕과 이해

시작하며

우선 이번 배움의 주제인 '미덕'과 '이해'라는 말의 정의에 대해서 명확하게 해 두기로 하겠다. 미덕, 혹은 이해는 일반적으로 정서적, 혹은 지적 활동을 가리킬 때 사용된다. 그러나 여기서는 좀 더 완전한 의미에서 이들 말을 사용한다는 사실을 기억해 두기 바란다. 다시 말해 이번 장에서 살펴볼 '미덕'과 '이해'는 영혼에서 오는 것, 즉 우리의 영적 힘의 표출이자 작용을 의미한다.

그렇다면 영혼, 혹은 영에서 오는 미덕이란 무엇일까?

우리의 순수한 목적에 충실한 것을 영혼의 미덕이라고 하기로 하자. 미덕이란 영성(靈性)이 이끄는 일에 완전히 협력하는 것이다.

이와 같은 미덕은 사람들을 감화시키고 영적 성장의 길을 그들에게 보여준다. 미덕이란 '창조력'에 우리를 언제나 일치시키는 것이다. 그렇게 함으로써 우리는 타인에게 보이는 것과 마찬가지로 참된 자신을 알 수 있게 된다. _{마태복음 12:33, 누가복음 6:43}

미덕이란 주(主) 중의 주, 왕 중의 왕이신 그리스도의 이상을 굳건히 지키는 것을 의미한다. 미덕이란 마음의 순수함, 영혼의 순수함, 정신의 순수함이며 그와 같은 순수함은 우리의 영과 함께 증거하는 신의 영에 의해서 주어진다.* 미덕이란 신앙의 꽃향기이며 희망의 핵심이고 진리의 가장 높은 요소이자 신의 속성이다.

또한 참된 이해는 생각을 초월해 (눈, 귀, 코, 혀, 피부의) 감각에 바탕을 둔 것이다. 참된 이해란 신의 '창조력'이 어떤 법칙에 따라 인간의 육체, 정신체, 영체에 나타나며, 어떻게 그것들을 통해서 작용하는지, 그 법칙을 체험하고 해석하는 힘이다.

미덕이 있는 곳에는 이해도 있다. 왜냐하면 영혼의 미덕과 이해는 수레의 양쪽 바퀴와 같은 관계이기 때문이다. 영적인 이해는 미덕의 보상이며 미덕에는 이해가 따른다. 미덕과 이해는 목재와 목재구멍과 같은 관계로, 서로 맞물리는 관계에 있다. 지식이 반드시 이해를 가져다주는 것은 아니다.

매일 수많은 사람들이 기적을 체험하지만 그 기적을 이해하는 사

---

* 로마서 8:16. '신의 영에 의한 증거'란 우리의 영성이 성장되어 신과의 풍성한 교류가 있음을 가리킨다. 그리고 마음과 영혼의 순수함은 그와 같은 친교의 은혜로써 얻을 수 있다.

람들은 거의 없다. 단순한 지식으로는 이해에 도달할 수 없기 때문이다. 신의 왕좌에 다가가려 하는 자만이 인생의 신비를 이해할 수 있다. 별의 운행과 수학의 난해한 공식, 과학의 비밀 등은 알 수 있다. 그러나 신의 법칙을 이해하려면 우리는 신의 법칙에 대해 방관자가 되어서는 안 된다. 오히려 자신이 신의 법칙의 일부임을 깨닫게 해주는 신과의 친밀한 관계를 경험하지 않으면 안 된다.

스테파노가* '아, 하늘이 열리고 사람의 아들(Son of Man)**이 하나님 오른편에 서신 것을 보노라'^{사도행전 7:56}라고 말했을 때도 그의 말을 이해한 사람들에게 있어서 그것은 기적이 아니었다. 그리고 공급의 법칙을 이해하고 계셨던 그리스도에게 있어서 겨우 5조각의 빵과 2마리의 물고기로 5천 명을 먹이신 일도*** 전혀 기적이 아니었다.

스터디그룹의 어떤 멤버는 다음과 같은 리딩을 얻었다.

"보라, 나는 이 방에 너와 함께 있다. 네가 나를 선택한 것처럼 나도 너를 선택했다. 네가 아는 길을 지키고, 네가 걸어온 길을 걷도록 해라. 신은 어떠한 시련에서도 너를 구원하실 수 있는 분이며, 충

---

* 기독교 최초의 순교자. 예수가 구세주임을 강력하게 설교했기 때문에 박해자들이 던진 돌에 맞아 죽었다. 이것은 순교하면서 마지막으로 남긴 말.

** 예수를 말함.

*** 성경학자 중에는 이 5천 명을 먹인 이야기가 후세 사람들이 그리스도의 신성을 강조하기 위해서 삽입한, 만들어진 이야기라고 설명하는 사람들도 있으나 케이시는 리딩을 통해 그리스도가 5천 명을 먹였다는 이야기는 역사적 사실이라고 주장했다.

실한 자에게는 생명의 관(冠)이 주어질 것이니. 내(그리스도 의식)가 네 의식 속에서 상승함에 따라서 다른 사람의 의식 속에서도 나(그리스도 의식)는 상승할 수 있게 된다."

우리가 이와 같은 메시지를 들으려면 신의 법칙(사랑)에 대한 이해가 요구된다. 이와 같은 이해가 있으면 다른 사람들과의 사이에도 보다 고귀하고 성실한 관계가 구축되며 자기 자신에 대해서도 높은 영적 인식을 얻을 수 있다.

우리는 미덕과 이해를 연결 짓고 있는데, 그 까닭은 이 두 가지가 영혼의 작용을 나타내고 있기 때문이다. 마음속에서 길러진 미덕이야말로 참된 이해에 이르는 확실한 길이다. 지식은 그것이 이상과 조화를 이루며 일치하고 있을 때에만 도움이 된다. 그렇지 않으면 지식은 오히려 장애가 되며 저주가 되고 제거하기 어려운, 어두운 함정이 된다.

미덕과 이해는 영적인 것

미덕과 이해를 구하는 사람은 신과 함께 가야만 한다. 사람은 제아무리 신분이 몰락했다 할지라도 보다 높은 차원의, 개인의 욕심을 넘어선 그 무엇인가를 구하려는 마음이 있는 법이다. 사람의 마음속에 희망의 불을 지피고, 그 사람으로 하여금 '주여 부디 이 죄인에게 자비를 베푸소서' 라는 기도를 하게 만드는 계기는 한 편의 노래일 수도 있고, 한 마디의 다정한 말일 수도 있고, 사소한 친절일 수도 있다.

　타인에게 길을 제시하기에 합당한 사람이 되기 위해서는 우선 우리 자신이 주와 함께 그 길을 걸어야 한다. 주는 우리와 마찬가지로 온갖 시험에 빠지셨지만 단 하나의 죄도 짓지 않으셨다. 우리는 그런 주와 동행하는 것이다.

　그리스도 안에 머묾으로써 오는 의식에 마음을 열면 오해는 하나도 생기지 않는다. 처음 창조의 순간에 우리 한 사람 한 사람이 가지고 있던 것을 성령*의 힘이 일깨워 주기 때문이다. 미덕과 이해를 추구하는 마음은 이미 우리들 안에 갖추어져 있다. 내면의 영(그리스도 의식)이 외친다. '나를 순수하게 해줘. 나를 깨끗하게 해줘! 나를 최초의 지위로 (미덕으로, 이해로, 신으로) 되돌려 줘!', '사슴이 계곡의 물을 구하듯, 신이시여 저의 영혼은 당신을 간구합니다.'^{시편 42:1}

　바라건대 우리가 간절히 구하는 것이 다음 기도 속에 나타나 있기를.

　　오오, 너 신성한 하늘의 불꽃이여. 어떤 사람들 속에서는
　　약동하고 어떤 사람들 속에서는 잠들어 있는 너 – 미덕이여,

---

* 성령이란 신의 작용을 의미한다.

이해여, 창조력이여, 신이여. 바라건대 우리 마음과 인생에서 네가 바라는 바를 행하라.

미덕과 이해는 올바른 생활의 에센스

올바른 생활에는 미덕과 이해 두 가지가 필요하다. 인간관계나 자기 자신의 내면에서 일어나는 나날의 문제에 대처하기 위해서는 미덕과 이해가 반드시 필요하다. 우리는 자신의 판단기준이 올바른 것이기를 진심으로 바란다. 그러나 성령의 인도를 받지 않고는 올바른 판단을 내릴 수 없다. 그런 행동을 하게 된 동기가 무엇인지, 또 그 행위가 최종적으로 어떤 결과를 가져다줄지를 추측하기란 불가능하다.

형제자매와 이웃이 어떤 시련이나 고통 때문에 과오를 범했는지 우리는 알 수가 없다. 만약 그 이유를 알고 있다면 그것은 우리 자신이 과거에 같은 시련을 경험한 적이 있기 때문이다. 우리의 척도가 내면의 신전에서 사시는 그리스도의 그것과 일치하는 것은 그때이며, 우리의 척도는 불우한 동포 속에 있는 이상과도 완전히 일치한다. 더 이상 타인을 헐뜯거나 탓할 만한 정당한 이유를 우리는 갖지 않게 된다.

영적인 일에는 미덕과 이해가 반드시 필요하다. 자신이 갖고 있지 않은 것을 남에게 줄 수는 없는 법이다. 자신이 살지 않는 삶을 남에게 살라고 요구할 수는 없는 법이다. 자신이 순수하지 않은데 어찌 남에게 순수하기를 구할 수 있겠는가? 그렇게 한다면 우리의 말과 행동 자체가 우리를 꾸짖을 것이다. 안전한 안식처를 구하고 있는 사람들에게 그 길을 보게 하고 올바로 인도하기 위해서는, 그 전에 우리 자신이 먼저 자신이 해야 할 말을 실천하고 숙지하고 있어야 한다.

우리는 누구나 보다 좋은 인생을 살고 싶다는 향상심을 가지고 있다. 어떤 목표를 달성하고 싶다는 생각을 가지고 있다. 만약 우리가 최고의 것, 최선의 것을 목표로 삼고 있다면 그 이하의 것에는 만족하지 못할 것이다. 최고의 목적에 도달하는 지름길은 없다. 한 걸음 한 걸음, 단계를 거쳐야 도달할 수 있는 법이다.

또한 선한 행동이나 선한 생각은 결코 사라지지 않고 그 모든 것이 우리 영혼에 각인되어 어떤 사람에게서는 30배, 어떤 사람에게서는 50배, 어떤 사람에게서는 100배나 되는 열매를 맺게 될지도 모른다. 우리는 행위에 의해서, 올바른 행위에 의해서 높아지는 법이다. '우리는 자신이 예전에 도와주었던 사람들의 팔에 의해서 하늘에 오른다"고 되어 있는 대로이다.

---

* 리딩 281-4.

미덕과 이해로 가는 길

미덕과 이해에 이르기 위해서 반드시 필요한 것이 기도와 명상이다. 완전한 이해를 얻기 위해서는 우리가 살아가는 데 있어서 육체적, 정신적, 영적으로 무엇이 필요한지를 정확히 파악할 필요가 있다. 예수도 이와 같은 방법을 취하셨다.

어쩌면 그 길을 제시할 수 있는 사람이 있을지도 모른다. 하지만 그 사람들은 '내가 곧 길이요, 진리요, 생명이니'요한복음 14:6라고 선언하신 그리스도와 같은 미덕과 이해를 갖추고 있을까?

주는 자신이 걸어온 길 이외에는 어떤 길도 말씀하시지 않으셨다. 주는 '나를 따르라'요한복음 21:22고 말씀하실 수 있을 정도로 그 길을 걸어오셨다. 이 길은 모든 사람에게 열려 있다.

다른 사람에게 보여주는 모습 그대로 자신을 보기 시작할 때, 형제와 이웃에 대한 어떤 불친절한 생각도 마음속에 머물지 못하게 할 때, 마음의 순수함과 생각의 순수함과 신체의 순수함과 영혼의 순수함을 열심히 구할 때, 우리는 그 길을 걷고 있는 것이다.

그 길은 곧게 뻗은 좁은 길이다. 우리의 의지가 조금이라도 아버지의 마음에서 떠나면, 우리의 목적이 아버지의 일에서 조금이라도 벗어나면, 우리의 목표가 그리스도 의식에 이르는 목표에서 조금이라도 벗어나면 그 좁은 길을 지날 수가 없다. 이 길이 우리를 미덕과 이해로 인도한다. 성경에도 '구하라 그러면 너희에게 주실 것이요, 문을 두드리라 그러면 너희에게 열릴 것이니'누가복음 11:9라고 되어 있다.

멤버의 체험

"저는 길을 찾았습니다. 사람은 신의 사랑으로 인해 길로 인도되며 그것은 길을 찾는 모든 사람들에게 열려 있습니다. 저는 신의 사랑을 구하기 위해 7년 동안 기도를 했습니다. 신의 사랑은 제 안에 살아 있습니다. 그것은 제게 악을 행한 사람들을 사랑할 힘을 제게 주고, 악을 행한 사람 속에서도 선한 것을 찾아내는 눈을 주었습니다. 신의 사랑은 제 안에 있으며 치유의 힘이 됩니다. 고귀한 영성을 나타내는 일을 도와주시는 내면의 신을 이렇게 발견하게 된 것에 감사드립니다."

미덕을 갖추는 데는 믿음이 토대가 된다. 자신의 순수함을 믿고, 형제가 완전하고 원만함을 믿고, 신의 약속을 믿고 그것을 토대로 발을 내딛는 것이다. 미덕은 신앙에 대한 보상이며 이해는 미덕에 대한 보상이다. 신앙에 의해 마음을 덮고 있던 장막이 걷히고, 우리는 스스로의 내면으로, 지성소(至聖所) 안으로 들어가 신의 아들과

닮은 모습으로 변화되는 것이다.

"제게는 올바른 생활을 할 수 있을 만큼의 미덕은 없다고 생각했습니다. 자신을 바라보며 명상에 빠져 있자니 어느 날 '신앙이야말로 초석이다'라는 말이 마음에 울려 퍼졌습니다. 이 말에 얼마나 커다란 도움을 받았는지. 신앙이라면 제게도 가능하다는 생각이 들었기 때문입니다. 그 이후부터 그리스도에 대한 신앙을 통해 제가 미덕을 쌓고 몸과 마음과 영혼을 깨끗이 할 수 있다는 사실에 감사하게 되었습니다. 이렇게 해서 저는 이해를 얻을 수 있었습니다."

그리스도의 영에 의한 정화의 힘이 인생에 나타나기를 바란다면 신과 신의 약속을 한치의 의심도 없이 믿어야만 한다. 형제에게 순수함을 요구하고, 또 자신도 그만큼의 순수함을 얻고 싶다면 형제를 완전히 믿어야만 된다. 가장 커다란 일을 성취하기 바란다면 우리 안에, 그리고 우리를 통해서 끊임없이 나타나려 하는 성령의 힘을 한층 더 신뢰해야만 된다. 신앙 없이 어떻게 신의 영광을 볼 수 있겠는가? 의심하는 자는 재판을 받는다. 우리는 신앙을 통해서만 올바른 사람이라는 여김을 받는다. 왜냐하면 신에 대한 믿음이 우리에게 있어서 '올바름'이라고 여겨지기 때문이다.

미덕은 방패, 이해는 무기

미덕은 성령의 힘을 한껏 발휘하도록 해준다. 미덕은 사람의 영성을 높여 주고, 창조주에 대한 이해를 깊게 해주고, 신에 대한 믿음을 한층 더 견고하게 해준다. 다른 사람들에 대한 축복의 수로로써 자신의 마음을 열면, 보다 커다란 힘이 우리의 것이 된다. 수로로써의 자신을 항상 깨끗이 하고 오픈하여 언제라도 사용할 수 있도록 준비를 게을리 하지 않으면 불가능할 것처럼 보였던 일도 실현되기 시작한다. 우리를 향하고 있던 모든 무기들이 사라져 버린다. 왜냐하면 그 순수함 덕분에 우리는 강력한 수호의 힘에 의해 보호받기 때문이다.

미덕은 남을 탓하거나 비판하고 싶어 하는 온갖 유혹으로부터 우리를 지켜준다. 왜냐하면 미덕으로 인해서 우리는 그들 속에서 순수함을 찾아낼 수 있게 되기 때문이다. 우리는 사람의 단점 뒤에 숨어 있는, 창조주의 형상대로 만들어진 영혼을 보게 된다. 그들이 우리의 사랑을 필요로 하며 길 가운데서 도움을 필요로 하고 있다는 사실을 깨닫게 된다. 내면에 미덕이 있다면 우리가 다른 사람의 성장을 가로막는 일은 결코 없을 것이다.

미덕으로 인해서 이해가 생겨나듯, 이해에 따라서 신성한 빛이 생겨난다. 이해는 실전에서 단련된 강력한 무기이며, 그 날은 결코 부러지거나 휘지 않는다. 이해는 진리를 추구하는 끝없는 전투에서 무기로 사용되어 왔다. 적을 쓰러뜨리면 이전까지의 적을 동맹자로 얻게 된다. 왜냐하면 자신의 참된 의도와 목적을 이해시키는 힘 앞에 그들은 두려워 멈춰 서게 되기 때문이다.

인생이라는 전쟁의 와중에서 그 혼란 위에 설 수 있는 것은 미덕과 이해에 의해서만이다. 그리스도와 함께 나아감으로써 그 속에서 안전하게 빠져나와 스스로의 길을 갈 수가 있다. 이해의 높은 자리에 서면 세상의 일들이 얼마나 단순하게 보이는지. 마음과 정신과 영혼에 있어서 순수하다는 것이 얼마나 멋진 일인지!

미덕과 이해는 자신과 타인에게 영향을 준다

미덕과 이해는 원래 자기 자신과 관련된 것이며, 또 자신과 '창조력'의 관계에 관련된 것이다. 그러나 우리의 미덕과 이해는 타인에 대한 우리의 판단에서도 나타난다. 우리의 행동은 마음으로 생각하는 것을 반영한 것이기 때문이다. 고귀하게 생각한다는 것은 곧 고귀하게 행동한다는 것과 같다. 그리스도 안에서 설정된 이상과 일치하는 마음으로 생각한다면, 생각하는 것 자체가 하나의 은혜가 된다.

자신을 정신적, 육체적, 영적으로 하루하루 성장시켜 가는 것은 집을 건축하는 일에 비유할 수가 있다. 우리는 자신의 성장을 돕는 방법을 선택한 것일까? 불량의 돌을 제거하고 양질의 석재만을 사용하고 있는 것일까? 그렇게 해서 모은 석재를 반듯하게 수평이 되게 쌓고 있는 것일까? 신의 검사관이 불시에 찾아와도 문제가 없는 걸까?

만약 이러한 질문에 '네'라고 당당하게 대답할 수 있다면 우리는 신을 향한 자신의 성장에 속도를 가하고 있다고 할 수 있다. 그 건축물의 품질은 우리에게, 오로지 우리에게만 달려 있다. 우리는 자기 자신을 위해서 성스러운 신전, 혹은 움막 중 하나를 짓고 있는 것이다.

사람은 혼자서 사는 것이 아니다. 우리의 삶, 행동, 생각은 자기 자신에게 반영될 뿐만 아니라 타인에게도 영향을 준다. 우리가 사랑과 자비와 정의와 인내와 용서를 실천하면 주위 사람들의 의식을 감화시키게 된다.

영적으로 깨끗해진 사람들과 접하게 된 어떤 사람이 그 사실을 다음과 같이 말했다. "그 사람들이 저를 좋은 쪽으로 인도해 주었습니다. 저를 살아 있는 신앙으로 되돌아가게 했으며, 신은 살아 계시고 지금도 사람들을 통해서 말씀하고 계시다는 사실을 이해하고 싶다는 욕구를 불러일으켜 주었습니다. 또한 인생에 대한 희망과 새로운 관심을 가져다주었습니다. 그들을 만나기 전, 저의 신앙은 형식적인 것이었습니다. 그런데 만남 이후로 제 신앙은 좀 더 영적인 것이 되었으며 그 사람들이 가진 것과 같은 기쁨을 손에 넣고 싶다는 소망을 갖게 되었습니다."

마지막으로 우리는 사랑하기 때문에 죽음을 통과해 삶으로 나왔다는 사실을 알고 있다. 지금은 새로운 생명이 우리 안을 힘차게 흐르고 있으며, 우리를 신의 마음에 일치시키는 신비롭고 새로운 평안을 얻었다. 우리가 예전에 가벼이 여기던 것을 지금은 소중히 생각하게 되었고, 그리고 전에는 소중하다고 생각했던 세계에 더 이상 매력을 느끼지 못하게 되었다. 성령의 정화시키는 힘에 의해서, 영적 이해(spiritual understanding)라는 말로는 다 표현할 수 없는 크나큰 선물을 우리에게 주신 신께 감사드린다.

바라건대 다음에 올리는 기도가 언제나 우리의 입에서 떠나지 않기를.

원컨대 미덕과 이성이 제게 있기를. 오오, 주이신 저의 구세주여, 당신 속에 저의 방어가 있습니다. 당신은 허심탄회한 자의 기도를 들어주시기 때문입니다. ^{리딩 262-17}

여섯 번째 가르침

친밀한 유대감
Fellowship

"그가 빛 가운데 계신 것같이 우리도 빛 가운데 행하면 우리가 서로 사귐이 있을 것이다."
– 요한1서 1:7

기도의 말

주여, 이 얼마나 아름다운 이름인지!
당신과의 친밀한 교제를 얻기 위해서는
동포를 사랑하는 마음이 제게 있어야 합니다.
당신의 이름 앞에서 아무리 저를 낮춘다 할지라도
제 안에 형제와의 다툼이 조금이라도 있다면
저의 생각과 기도는 당신에게 닿지 않습니다.
부디 당신에게 다가가려 하는 저를 도와주소서.

여섯 번째 가르침
친밀한 유대감

시작하며

이번 배움의 주제에 대해 자세히 알아보기에 앞서, 우선 내재되어 있는 신성한 '영(Spirit)'에 대해서 좀 더 깊이 인식해 둘 필요가 있다. 그것은 우리의 성장을 도와줄 것이다. 또한 이번 주제로 자기 자신의 문제와 맞닥뜨리게 되었다 할지라도, 보다 큰 목적을 위해서 부름을 받은 자로서 그러한 문제와 정면으로 맞서기 바란다. 해야 할 일은 위대하지만, 그에 비해 우리는 나약하고 자기중심에 빠지기 쉽다. 그러니 신의 약속을 믿기로 하자. 우리가 게으름을 피우거나 뒤처지지 않도록 신이 성령을 보내어 우리의 영혼과 마음을 격려해주실 것이다.

우리 개개인 속에는 자신이 태어난 근원을 끊임없이 탐구하는 신의 불꽃이 있다. 우리 내면의 정신의 힘, 영혼의 힘을 길러 점차 높여감에 따라 이 조그만 불꽃은 기세를 더해 결국에는 만물의 창조주와 하나되는 친밀한 교제를 실현시켜 주는 불꽃으로 성장해 간다.

우리의 가슴 깊은 곳에는 창조주와의 친밀한 유대감을 갈망하는 마음이 있다. 이 마음이 행복과 만족을 찾아서 우리를 이리저리로 내몰아 신의 탐구로 향하게 하는 것이다.

창조의 초기에 있어서 모든 영혼은 아버지인 신과의 사이에 완전한 친교를 유지했었다. 사람은 신과의 친밀한 유대감을 알았으며, 신과 함께 이야기하며 걸었다. 지금 다시, 신이 약속하신 것처럼 신의 외아들인 그리스도를 통해서 신과의 친교를 회복할 수 있는 길이 우리에게 주어졌다.

우리가 이웃에 대해 배려의 마음을 품는 것도 우리가 신과의 친밀한 유대감을 알고 있기 때문이고, 커다란 '전체'의 일부로서 우리가 모든 사람과 하나임을 깊은 의식이 알고 있기 때문이다. 우리는 이웃을 사랑하는 경험을 통해서 아버지이신 신과의 보다 완전한 친교에 눈을 뜨게 되며, 신이 우리 안에서 움직이게 하는 것처럼 다른 사람들 안에서도 움직이게 하신다는 사실을 깨닫게 된다. 사람들과의 친밀한 교류는 아버지이신 신과의 친교의 그림자에 지나지 않는다. 신과의 친밀한 교류에 우리의 참된 영적 교류가 있는 것이다.

나는 형제를 지키는 자인가?

몇 천년 전인 먼 옛날, 사람의 마음속에 의문 하나가 생겼다. 나는 형제를 지키는 자일까?^{창세기 4:9}

오늘날에도 같은 질문이 우리에게 던져져 있다. 이 질문을 여러 각도에서 자신에게 던져 보자. '우리는 이웃을 어떻게 대해 왔을까?' '이웃을 대하는 우리의 모습은 신의 마음에 합당한 것이었을까?'

이 질문이 자신 속에서 충분히 해결되지 않는 한 우리는 신과의 친밀한 유대감이라는, 원래 우리에게 주어진 재산을 얻을 수가 없다. 신은 여러 가지 방법으로 우리를 불러들이지만 이 '신에게 부름을 받은 징표'(이는 봉사 속에서만 달성할 수 있다)를 온전히 달성하지 못하면 우리는 바로 신에게 항의를 한다. '대체 저는 형제를 지키는 자입니까?'라고.

그러나 그와 같은 자기변호에 대해 우리는 '네 형제의 핏소리가 땅에서부터 내게 호소하느니라'^{창세기 4:10}라는 대답만을 얻을 뿐이다. 참담하고 버림받은 것 같은 기분이 드는 것도 당연한 일이다. 무슨 일을 하든 불안에 시달리며 힘이 쇠하는 것도 당연한 일이다. 죄가 우리 발밑에 놓여 있다는 사실을 우리 마음이 알고 있으니.

'보라 아버지께서 어떠한 사랑을 우리에게 베푸사 하나님의 자녀라 일컬음을 받게 하셨는가'^{요한1서 3:1}라고 성경에 기록되어 있다. 신은 그 자녀들에게 사랑만을 주시며, 지상의 아버지가 자기 자녀를 사랑하듯 자녀인 우리를 사랑해 주신다. 신과의 친밀한 교제(바로 이것이 우리의 인생을 살아갈 만한 가치가 있는 것으로 만들어 주는 유일한 것이다)를 우리에게서 앗아갈 수 있는 힘은 존재하지 않는다. 단지 우리가 이웃의 괴로움을 가벼이 여기거나, 이웃의 무거운 짐을 지려 하지 않을 때, 그리고 이웃을 용서하지 못할 때 그러한 행동에 의해서 신의 사랑을 스스로 끊어 버리는 것이다. 이러한 사실을 실감한 적은 없었는지?

내면의 '영'과의 교제, 신의 얼굴을 추구한다면 은혜에서 멀어진 사람들에게도 친절하고 다정하게, 깊은 동정심을 가지고 사랑으로 대하도록 하자. 이웃을 사랑하는 일이 곧 신을 사랑하는 일이며, '우리는 신 속에서 살며, 움직이며, 존재'[사도행전 17:28 참조]하는 것이다.

우리에게 요구되는 것은 형제의 단점을 눈 감아 주는 것과 같은 수동적인 것이 아니다. 가령 그들에게 단점이 있다 할지라도 그 단점이 있는 채로 그들을 사랑하라고 명령을 받은 것이다. 어떤 순간이라 할지라도 그들 속에 있는 '영'의 힘을 믿는 것이다. 그렇게 하면 그들도 우리가 그들 속에서 본 것을 깨달아 언젠가는 자신들의 훌륭함을 자각하고 자기 마음을 좀 더 성장시키고 싶다는 소망을 품게 된다.

이것은 그들을 추켜세우거나 자신의 능력을 과대평가하도록 하는 것이 아니다. 중요한 것은 그들 자신이 스스로를 이해하는 것을 돕고, 필요할 때 의지가 되는 친구가 있다는 사실을, 유혹에 빠질 것 같은 때에는 도움의 손길을 내밀어 줄 친구가 있다는 사실을 그들에게 알게 해주는 것이다. 바로 여기에 인간에 대한 인간의, 이웃에 대한 이웃의, 창조주에 대한 인간의 모든 의무가 나타나 있다. 그것은 예수가 '내 형제 중에 지극히 작은 자 하나에게 한 것이 곧 내게 한 것이니라'^{마태복음 25:40}라고 말씀하신 그대로이다.

자기 자신에게 질문을 던져 보자. '우리는 남이 내게 해주었으면 좋겠다고 생각하는 일을 기꺼이 남에게 해주고 있는가?'

바라건대 우리가 언제나 힘을 합쳐 주와의 친밀한 유대감을 통해서 사람들에게 봉사할 수 있기를.

신과의 친밀한 유대감

자신이 신과 얼마나 친밀한 유대감을 갖고 있는지 알고 싶다면 자신이 이웃을 어떤 마음으로 대하는지를 스스로 되새겨 보면 된다. 우리가 신과의 사이에서 구하고 있는 유대감의 깊이는 우리가 형제, 이웃과의 사귐에서 나타나기 때문이다. 그들에 대한 자신의 행위와 말과 생각을 점검해보면 자신이 아버지인 신과의 사이에서 친밀한 유대감을 구하고 있지 않았다는 사실을 저절로 알게 될 것이다.

자신의 마음속에 담겨 있던 그 무엇이 형제와의 친밀한 사귐을 방해하고 있는지 잘 살펴보자. 그리고 만약 우리 안에 형제와 다투려는 마음이 있다면 용서를 구하며 신에게 기도하자. 신은 어떤 사람에게나 충만한 사랑으로 응해 주신다.

신을 찾으려면 신을 찾을 수 있는 곳, 즉 이웃의 가슴 속에서 찾아야 한다. 우리는 신에 대해서 얼마나 알고 있을까? 우리가 이웃을 알고 이해하려고 노력하는 만큼 우리는 신을 알게 된다. 그리고 이웃 속에 있는 고귀한 의식을 확대하려 노력하는 만큼 신을 알게 된다.

진정 우리는 신을 알려고 이렇게 노력해 왔을까? 우리는 이웃을 올바로 판단하지 않고 겉모습만으로 판단하고 있지는 않은지? 우리는 그들에게 잘못된 행동을 하게 만든 동기를 외면해버린 것은 아닌지? 형제의 가슴 깊은 곳에도 신의 제단 앞에서 끊임없이 불타오르는 성스러운 불꽃이 있다는 사실을 우리는 이해하고 있는 것일까?

형제와 이웃 속에서 신성을 발견하여 그 사람들로부터 어떤 취급을 받든 그들을 사랑하는 것, 이렇게 해야만 된다.

그들의 외모가 훌륭하게 보이기 때문에 사랑하는 것이 아니다. 그들의 본래 모습 때문에 사랑하는 것이다. 그들이 같은 인간이고 우리의 동정을 필요로 하기 때문에 사랑하는 것이 아니다. 그들 안에 우리가 숭배할 만한 가치가 있는 '신성'이 있기 때문에 사랑하는 것이다.

친밀한 사귐보다 아름다운 것이 있을까? 예수는 신의 사업을 완성하기 위해서 친밀한 사귐을 추구하셨다. 예수는 사람들에게서 멀어지지 않고 오히려 사람들과 교류하며 사람들의 슬픔을 당신의 슬픔으로 여겼으며, 사람들과 함께 생활하고 사람들을 괴로움에서 해방시켰다. 하지만 만일 우리가 힘의 원천인 '영' 속에 머물지 않는다면 우리는 예수의 삶을 따라 갈 수가 없다. 성경에 '나는 포도나무요 너희는 가지라. 그가 내 안에, 내가 그 안에 거하면 사람이 열매를 많이 맺나니 나를 떠나서는 너희가 아무 것도 할 수 없음이라'요한복음 15:5고 기록된 대로이다.

예수는 사랑과 봉사는 서로 손을 잡고 나아가는 것이라고 가르치셨다. 예수는 이웃을 섬기기 위해서 당신의 목숨까지 포기했는데 과연 그 이상의 사랑이 있을까? 바로 이것이 예수가 행하신 일이다. 예수는 스스로의 십자가를 통해 그리스도의 힘이 죄와 죽음과 무덤보다 강하다는 사실을 보여 생명을 구하는 사람이 그 길을 찾을 수 있도록 하셨다. 바라건대 어떠한 때, 어떠한 곳, 어떠한 상황에서도 우리 스스로 기꺼이 이웃에 봉사하고 이웃 안에 있는 고차원의 본성을 볼 수 있도록 '영'의 인도가 있기를.

우리가 친밀한 사귐을 바란다면 우리는 신의 약속을 믿고 신께서 정하신 계율을 지켜야 한다. 그러나 그 계율은 지키기 어려운 것이 아니다. 가장 커다란 계율은 '서로 사랑하라'는 것이며 예수는 이것을 '새로운 계율'이라고 부르셨다. 그리고 이 계율은 예수를 따르는 수많은 사람들에게 지금도 여전히 새로운 계율이다.

우리는 종종 "신을 알고 싶다"고 말하곤 한다. 그런데 진심으로 그렇게 원하고 있는 것일까? 만약 진심으로 신을 알기를 원한다면, 자기중심적인 소망이나 아집, 이기심을 간단히 내던지고 창조주이시자 아버지이신 신의 작용을 알고 이해함에 따라서 분명히 깨닫게 되는 신의 놀라운 사업에 더욱 눈 뜨기를 원하지 않을까? 모든 것을 바쳐서 신을 섬긴 사람들에게 계시된 그 영광에 몸을 맡긴다면 우리도 기꺼이 견딜 수 있지 않을까? 주 안에서 자신을 잃으면 길은 얼마나 걷기 쉬운 것이 되는지! 우리는 약속을 받았다. 우리가 지금 손에 쥐고 있는 것을 활용하면 더 많은 것을 받게 될 것이라고. 이러한 길을 따르기는 또 얼마나 쉬운 일인가!

예수가 베드로에게 '내 양을 치라'요한복음 21:16고 명령하신 일을 기억하라. 자기 자신이나 타인에 대해 조화롭지 못한 상태에 있다는 사실을 마음속으로 느낄 때는 그 누구도 확신을 가지고 신에게 다가갈 수 없다. 자신을 믿지 못할 때, 즉 다시 말해 자기 자신을 힘의 '무한한 원천'에 동조시키기만 하면 하늘과 땅의 모든 힘이 우리에게 맡겨진다는 사실을 떠올리지 못하고, 자기 내면의 신의 힘을 가벼이 여기면 사람은 자기 자신에 대한 조화를 잃어버린다. 그리고 자신은 타인보다도 영적으로 뛰어나다거나, 다른 사람보다 영적인 힘과 사랑과 자비가 더 많다고 생각하는 등 자만에 빠지면 사람은 타인과의 조화를 잃게 된다.

따라서 우선 자기 자신의 마음과 생각을 깨끗이 하고, 다른 사람 속에 있는 성스러운 '영'을 더욱 인식할 필요가 있다. 그렇게 해야만 아버지이신 신과 우리가 하나라는 사실을 깨닫게 해주는 유대감을 얻을 수 있다.

이처럼 완전한 조화를 자신 속에 생생하게 유지하려면 기도와 명상이 반드시 필요하다. 우리는 신과의 유대감을 진정으로 구하고 있는 것일까? 신께서 우리에게 다가와 주시기를 진심으로 바라고 있는 것일까? 만약 바라고 있다면 우리 자신이 더욱 신에게 다가가 사랑의 마음으로 은혜의 왕좌에 다가가기로 하자.

'만물보다 거짓되고 심히 부패한 것은 마음이라'예레미야 17:9는 의미는 회개하지 않는 마음, 즉 '영'에 의한 정화도 모르고 신의 임재도 깨닫지 못하는 마음을 가리키는 것이다. 자신의 마음을 잘 살펴보라. '우리 마음이 혹 우리를 책망할 일이 있어도 하나님은 우리 마음보다 크시고 모든 것을 아시기 때문이라'요한1서 3:20고 성경에 기록되어 있다.

신은 우리의 기쁨과 슬픔 모두를 알고 계신다. 신은 우리가 거쳐 온 시험이 어떤 것인지를 알고 계신다. 그렇기 때문에 설령 우리가 시험에 굴복한 적이 있었다 할지라도 신은 우리를 사랑하고 버팀목이 되어 주신다. 따라서 만약 우리가 신을 믿고, 신은 약속을 지키신다는 사실을 진심으로 믿으면 우리의 마음은 자신을 책망하기를 그

만둘 것이다.˙

　신 자신이 우리를 그렇게 대해 주시듯 우리도 언제나 타인을 용서할 수 있는 사람이 되자. 신은 우리의 죄를 사하시고 전부 없애 주셨다. 그렇기 때문에 우리는 더욱 타인을 용서해야 한다. 설령 타인의 말이나 행동으로 인해 괴로울지라도 그것을 자기 마음속에서 쓸데없이 증폭시키거나 그것을 그들 탓으로 돌리지 말도록 하자. 우리는 신에 대한 충성을 맹세했으니 십자가를 지기로 하자. 왜냐하면 그 뒤에는 면류관이 약속되어 있으니. 인내와 관용으로 이웃을 돕고 사랑이 살아 있음을 나타내자. 신은 사람들 사이에서 우리가 신의 영광을 나타낼 수 있도록 커다란 사랑을 우리에게 주셨다.

　친절하도록 노력하자. 우리의 친절을 비웃는 사람들에 대해서도 배려의 마음을 가질 수 있도록 자신을 단련하기 바란다. 그렇다. 도저히 친절해질 수 없을 것 같은 때일수록 친절하도록 노력해야 한다. 그 노력은 결코 헛된 것이 아니다. 타인의 보답을 기대하고 친절을 베푸는 것이 아니다. 우리가 신과 맺으려 하는 유대감을 그런 사

˙ 에드거 케이시의 리딩은 '자신을 책망하는 것은 타인을 책망하는 것과 마찬가지의 윤리적 죄'라고 했다. 물론 이것은 건전한 자기반성과는 다르다. 리딩은, 신을 믿고 신의 약속을 믿음으로써 마음이 자신을 책망하지 않게 된다고 주장한다. 케이시는 '자신을 책망하는 것은 지상에 생명을 나타내신 주, 그리스도의 힘을 책망하는 것과 같은 것이다'라고 말했으며, 또 '주가 이미 죄를 사하셨는데 왜 그 일로 자신을 책망하는가?'라고도 했다. 오히려 신 앞에서는 죄를 용서받은 자신은 어떻게 살아야 하는가를 생각해야 한다. 케이시는, 우리가 할 수 있는 일은 '사랑, 기쁨, 평화, 조화, 은혜, 영광 등 그리스도의 생명을 체현하는 삶을 살아 주의 생명 속에서 기쁨이 찾아오도록 하는 것'이라고 했다. 우리에게 요구되는 것은, 신은 우리를 죄에서 자유롭게 할 힘을 가지고 계시다는 사실을 한 치의 의심도 없이 믿고, 믿는다면 죄에서 해방된 자에게 어울리는 삶을 살아야 한다는 것이다.

소한 일로 망칠 수는 없기 때문이다. 불친절한 말을 했다고 해서 그 것이 상대방의 마음속에 평생 고통으로 남는 일은 거의 없을 것이다. 하지만 그 말을 한 우리 마음속에는 그 일이 언제까지고 남아서 우리가 소중히 여겨 온 모든 것과의 조화를 깨뜨리고, 그 영향이 몇 십 년이고 계속되는 경우도 있다.

참된 친절은 작은 행위를 통해서 나타나는 법이다. 희망을 잃은 사람에게 따뜻한 위로의 말을 건네는 사람은 그에 대한 보답을 받는다. 이러한 행위는 사소한 일일지 모르나 다른 어떤 것에 의해서도 도움을 받지 못하는 사람을 이 조그만 행위로 돕는 것이다. 그 어떤 선행도 사라지지는 않는다. 그 어떤 씨앗도 아버지이신 신이 모르게 땅에 떨어지는 일은 없다. 우물가에서 한 사마리아 부인이 지친 예수에게 한 모금의 물을 드린 것이 계기가 되어 그 마을의 많은 사람들이 예수를 찾아오게 됐으며, 생명의 물에 대한 지식을 구하게 되지 않았는가? 요한복음 4:1-42 참조

바라건대 상처받은 사람이 있을 때 그 사람을 위로도 하지 않고 그냥 지나치는 일이 없기를. 말다툼이 있을 때 그것을 말리지 않고 그대로 지나치는 일이 없기를. '너희 하나님이 이르시되 너희는 위로하라 내 백성을 위로하라' 이사야서 40:1는 목소리에 귀를 막는 일이 없기를.

우리는 자신의 사소한 생각 하나하나에 대해서도 언젠가는 해명을 해야 한다. 그러니 언제나 이웃사랑을 성장시키는 일만을 생각

하자. 한 걸음 한 걸음, 이곳으로 조금, 저곳으로 조금 진보해 나가는 사이에 우리는 협력을 배우고 자신을 이해하고 '이상'에 대한 신념과 믿음을 확고히 하고 미덕과 이해를 향상시키고 아버지이신 신과의 유대감과 이웃에 대한 의무를 좀 더 분명히 자각하게 될 것이다.

세상이 필요로 하는 신과의 유대감

예나 지금이나 시대를 막론하고 인류가 가장 필요로 해온 것은 사람이 자신을 이해하는 것과, 인간의 인간에 대한 관계를 이해하고 인간과 창조주와의 관계를 이해하는 것이었다. 이 세 가지 이해는 떼려야 뗄 수 없는 것이라는 사실을 인식해야 한다. 자기를 이해하는 것과, 자신과 타인과의 관계를 이해하는 것, 그리고 자신과 신의 관계를 이해하는 것은 결국 같은 일이다. 왜냐하면 신은 피조물을 통해서 나타나시는 분이며, 그런 의미에서 신과 신의 피조물을 구분하기란 불가능하기 때문이다.

신을 사랑함과 동시에 신의 모습대로 그 영혼이 창조된 이웃을 미워할 수는 없는 법이다. 사랑과 미움이 하나의 마음속에 공존할 수는 없기 때문이다. 많은 사람들이 이웃사랑을 가벼이 여기며 되돌아보지 않으려 한다. 이웃사랑과는 전혀 상관이 없는 이기적인 삶을 사는 사람들은 또 얼마나 많은가!

만약 우리가 이와 같은 과오를 범한다면 신께서는 물론 그것을 아실 뿐만 아니라 형제, 이웃도 그 사실을 알게 될 것이다. 그리고 자신의 내면을 살펴본다면 우리 자신도 분명히 알 수 있는 사실이 될 것이다. 이 세상은 우리가 타인의 길에 두고 온 장애물 때문에 더욱 빈곤한 세상이 되었다. 우리는 자신의 성장을 방해할 뿐만 아니라 인간이 만들어진 바로 그 목적까지도 방해하는 사람이 되어 버리고 만다.

신과의 유대감을 얻기 위해서는 친구나 동료를 배려하거나 친절하게 대하는 것만으로는 부족하다. 거기에는 적을 사랑하는 것도 포함되어야 한다. 이것이야말로 이 세상이 필요로 하는 신과의 친밀한 유대감이다.

당연한 말이지만 이와 같은 신과의 관계는 '적을 사랑하라'는 말에 대한 우리의 생각을 바꾼다. 즉, 적들이 '길'을 알기를 진심으로 바라게 되어야 비로소 우리는 '적을 사랑'한다고 말할 수 있으며, 그들을 정당하게 대한다고 해봐야 그것은 당연한 일에 지나지 않는다. 그들의 무자비한 행위 속에서도, 선을 행하려 하는 힘이 잘못된 방향으로 인도받고 있는 것이라는 사실을 우리는 꿰뚫어 볼 수가 있다. 이와 같은 태도를 갖게 되면 타인의 장애와 시련을 좀 더 깊이 이해할 수 있게 되고, 세상은 언젠가 다른 나라의 장애와 고난에 대해서도 이해를 할 수 있게 된다. 왜냐하면 '땅에서는 하나님이 기뻐하신 사람들 중에 평화로다'^{누가복음 2:14}라는 바람은 나라와 나라 사이에서 실현되기 전에 우선 개개인 사이에서 경험해야만 하기 때문이다.

신과의 유대감이 얼마나 필요한 것인가를 안다면 어찌 복수심이나 미움을 품거나 타인을 심판할 수 있겠는가? 그래도 여전히 이와 같은 생각으로 사람을 구속할 생각일까?

모든 사람들의 마음과 생명에 새겨져 있는 사랑과 인류애는, 아버지이신 신과의 유대감을 반영하는 것이며 행동과 진리에 있어서 천년왕국이 여기에 있는 것이라고 말할 수 있는 행복한 상태를 가져다준다. 우리는 자신을 돌아보아 한 사람의 인간으로서 자신의 역할을 틀림없이 수행하고 있는지 살펴보아야 한다. 우리는 부자와 가난한 자, 귀한 자와 천한 자, 성스런 자와 속된 자, 너와 나를 불문하고 모든 사람들에 대해 사랑의 법칙을 실행하고 있을까?

사랑을 실천하기에 가정만큼 적합한 곳도 없다. 사랑이 가족에게 어떠한 영향을 가져다주는지 보자. 가족들에게 배려의 말로 응대하지 않으려면 차라리 아무런 말도 하지 않는 편이 낫다. 분노를 드러냄으로써 그 사람의 인생에서의 장점을 살리지 못하고, 또 화를 낸 상대방의 성장을 가로막을 바에는 차라리 분노를 겉으로 드러내지 말고 가슴속에서 사라지기를 기다리는 편이 훨씬 낫다.

신과의 유대감을 가진 사람들의 의무

'너희가 나를 택한 것이 아니요, 내가 너희를 택하여 세웠나니'요한복음 15:16라고 예수는 말씀하셨다. 유대감을 가지면 타인에 대한 의무가 생겨난다. 지켜야 할 약속이 있고 이해하고 존중해야 할 법칙이 있다. '여호와의 산에 오를 자가 누구인가. 곧 손이 깨끗하며 마음이 청결한 자'시편 24:3-4라고 성경에 기록되어 있는 것처럼, 이와 같은 사람이 아버지이신 신과의 친밀한 유대감을 얻는다. 그들은 신의 법칙 안에서 기뻐하고 신의 법칙을 이해하며 소중히 지킨다.

그러나 우리 대부분은 '그 길은 엄하고, 의무는 많고도 무겁다'고 불평을 한다. 그와 같은 사람은 자신의 입에 의해서 심판을 받는다. 우리는 오히려 '내 멍에는 쉽고 내 짐은 가벼움이라'마태복음 11:30고 보증하신 예수의 말씀을 진실로써 그대로 받아들여야 한다. 신께서는 결코 우리에게 견딜 수 없는 무거운 짐을 지우지 않으신다는 사실을 알아야 할 것이다.

신과의 참된 유대감을 구하던 어떤 사람이 다음과 같은 체험을 들려주었다.

"어떤 비전이 보였습니다. 그 안에서 저는 이기적이라는 말의 참된 의미를 깨닫게 되었습니다. 저는 인생의 학교에 있었습니다. 그때 저는 저를 위해서 가지고 있던 얼마 되지 않는 영적 양식을 먹고 있었습니다. 어떤 언덕의 비스듬한 곳에 앉아서 먹고 있었는데 잠시 후 제가 앉아 있던 땅바닥이 무너지기 시작했습니다. 저의 양식은 점점 줄어들었습니다. 그러더니 '없는 자는 그 있는 줄로 아는 것까지도 빼앗기리라'누가복음 8:18는 목소리가 들려왔습니다. 저는 갑자기 저의 궁핍한 상태를 깨달았습니다. 양식은 떨어졌고 땅은 무너졌으며 큰 파도가 당장이라도 덮칠 것 같았습니다. 저는 자리에서 일어나 경사진 언덕을 기어오르기 시작했습니다. 그때까지 영적으로 나보다 뒤떨어진다고 생각하며 얕잡아 봤던 사람들에게 필사적으로 도움을 청했고 그들에게 도움을 받았습니다. 그러자 다음과 같은 말이 들려왔습니다. '사람이 무엇으로 심든지 그대로 거두리라'갈라디아서 6:7, '무엇이든지 남에게 대접을 받고자 하는 대로 너희도 남을 대접하라'마태복음 7:12는 말이."

우리는 자신이 생각한 대로의 사람이 된다. 우리는 자신의 참된 모습을 반영한다. 그렇게 해서 반영된 것을 보고 사람들은 우리를 판단한다. 우리가 자신의 평가를 잘못 내리는 경우가 있는 것처럼 다른 사람들도 역시 우리를 잘못 평가하는 경우가 있을지도 모른다. 그러나 신께서는 우리의 마음을 보시며, 모든 것을 알고 계신다. 신은 우리의 목적을 알고 계시며 우리가 할 수 있는 것의 가능성을 알고 계신다. 예수는 시몬(베드로)이 그 나약함 때문에 자신을 부정할 것을 알고 있었지만 그에게 이렇게 말씀하셨다. '너는 베드로라. 내가 이 반석 위에 내 교회를 세우리니.' ^{마태복음 16:18}

우리의 사명은 우리의 삶에 접한 사람들이 우리 안에서 선한 것을 발견하고 우리의 삶을 통해서 아버지이신 신의 영광이 찬송 받도록 하는 것이다. 우리는 언젠가 '심판의 방'에 불려가 자신이 믿는 바에 대한 해명을 요구받는다 할지라도 정정당당할 수 있도록 항상 자신의 마음속을 감시해야 한다. 우리의 이웃사랑은 어떠한 비판에도 견딜 수 있어야만 한다. "위선자 녀석. 네 자신의 말에 심판을 받을 것이다!"라는 등의 말을 누구에게도 듣지 않도록 해야 한다. '영원부터 만물을 창조하신 하나님 속에 감추어졌던 비밀의 경륜이 어떠한 것을 모든 사람들에게 드러내게 하려 하심이라.' ^{에베소서 3:9} 이것이야말로 우리의 의무이자 특권이다. 그 깊은 뜻을 우리가 지금 나타내는 것이다.

유대감은 평안을 가져다준다

우리는 지금까지 우리가 남에게 베푼 것처럼 남들도 베풀기를 기대할 수가 있다. 우리가 커다란 '목소리'에 이끌려 따라왔다면 무엇을 두려워할 필요가 있겠는가? 우리는 어린아이처럼 온갖 좋은 은 사, 온전한 선물^{야고보서 1:17}을 주시는 신을 믿을 수 있게 되었다. 그리고 신이 선의와 자비로써 우리에게 보답하시리라는 사실을 알고 있다. '주의 법을 사랑하는 자에게는 큰 평안이 있으니 그들에게 장애물이 없으리이다'^{시편 119:165}라고 기록된 대로이다.

우리는 이 평안을 누구에게서 구하면 되겠는가? 플레이아데스 성단(Pleiades 星團)을 탄생시킨 것은 누구일까? 오리온자리에 세 개의 별을 놓은 것은 누구일까?^{욥기 9:9} 육지에 던져진 깊은 바다를 움직이는 자는 누구일까? 모든 피조물에 생명을 불어넣고 신의 창조를 찬미하는 '창조력'을 부여하신 자는 누구일까? 그 분의 이름은 주. 주의 날개 아래에는 평화가 있고 마음을 두렵게 만드는 것은 아무것도 없다.

아버지이신 신과 자신 사이를 가로막는 그 무엇도 두어서는 안 된다. 오히려 주의 이름으로 하루하루 나아가는 우리는 예전에 우리를 방해하던 것들을 버리고, 걱정거리가 우리의 마음을 무겁게 짓누르는 것을 용납해서는 안 된다. 성경에 '하나님을 사랑하는 자, 곧 그의 뜻대로 부르심을 입은 자들에게는 모든 것이 합력하여 선을 이루느니라'^{로마서 8:28}고 기록되어 있는데, 우리는 이 말을 모르는 것일까, 아니면 이 말을 확신하지 못하는 것일까?

지금의 우리에게는 이해할 수 없는 상황이 있을지도 모르겠다. 그러나 이해할 수 없는 일은 아버지이신 신의 손에 안심하고 맡길 수 있다. 왜냐하면 신께서 가장 적당한 때를 골라 우리에게 그 참된 모습을 보여주실 것을 믿기 때문이다. 아버지이신 신과의 친밀한 유대감을 방해하는 불안과, 남을 탓하는 마음이 우리 마음속에 스며드는 것을 용납해서는 안 된다. 때는 눈앞에 닥쳐 있다. '불의를 행하는 자는 그대로 불의를 행하고, 더러운 자는 그대로 더럽고, 의로운 자는 그대로 의를 행하고, 거룩한 자는 그대로 거룩하게 하라'요한계시록 22:11고 성경에 기록되어 있는 대로이다. 심판은 우리가 내릴 수 있는 것이 아니다. 우리는 일하고, 섬기고, '내가 세상 끝날까지 너희와 항상 함께 있으리라'마태복음 28:20, '평안을 너희에게 끼치노니 곧 나의 평안을 너희에게 주노라. 마음에 근심하지도 말고 두려워하지도 말라'요한복음 14:27는 그리스도의 약속을 확신하고, 거기에 모는 것을 맡기사.

바라건대 우리의 명상과 기도가 다음과 같은 말로써 나타나기를.

> 주여, 이 얼마나 아름다운 이름인지! 당신과의 유대감을 얻기 위해서는 동포를 사랑하는 마음이 제게 있어야 합니다. 당신의 이름 앞에서 아무리 저를 낮춘다 할지라도 제 안에 형제와의 다툼이 조금이라도 있다면 저의 생각과 기도는 당신에게 닿지 않습니다. 부디 당신에게 다가가려 하는 저를 도와주소서. 리딩 262-21

일곱 번째 가르침

인내
Patience

"너희의 인내로 너희 영혼을 얻으리라."
– 누가복음 21:19

기도의 말

오, 주여.
지상에서의 당신의 임재는 그 얼마나 은혜로운 것인지!
부디 우리가 빛의 창조주,
빛을 주시는 당신을 우러르며 인내심을 가지고
우리 앞에 놓인 경쟁을 헤쳐 나갈 수 있도록 인도해 주소서.

일곱 번째 가르침
인내

시작하며

신은 인내(忍耐)의 신이시다. 자연계의 모든 것이 신의 인내를 보여주고 있다. 바위와 동굴과 언덕과 계곡과 땅밑에 이르기까지 모든 곳에 신의 인내가 새겨져 있다. 신은 또한 모든 영혼이 (설령 아무리 오랜 세월이 걸린다 할지라도) 신의 빛을 알게 되기를 강한 인내심으로 소망하신다. 그러한 신의 인내가 우리 속에 새겨져 있는 것이다.

인내란 한 사람 한 사람의 영혼 속에 있는 신의 마음의 작용이다. 인내는 마음과 몸과 영혼의 모든 면에서, 생각과 행동을 통해 나타난다. 우리는 인내에 의해서 자신을 알고, 인내에 의해서 자신의 이상을 가늠하고, 인내에 의해서 신앙을 실천하고, 인내에 의해서 덕과 이해를 구한다. 이처럼 영혼의 모든 속성은 인내 속에 포함되어 있다고 할 수 있다.

하루하루 인내를 실천해 나가면 지금까지 체험을 통해 배운 이 책의 교훈이 실생활에 얼마나 활용되고 있는지를 분명히 알게 된다. 인내는 모든 덕을 행동으로 옮긴다. 인내로 인해서 우리는 주위 사람들에 대한 축복의 수로가 되고, 즉흥적이고 자기중심적인 방법으로 봉사하는 것이 아니라, 우리의 봉사를 필요로 하는 곳이 있는 한 신의 길에 따라서 봉사하게 된다.

인내의 가치

인내는 우리의 성장을 시험한다. 일상생활에서 인내를 실천하면 지금까지 주어진 기회를 자신이 올바로 활용했는지, 잘못 활용했는지를 저절로 알 수 있게 된다. 인내는 우리에게 얼마나 커다란 자기 성찰을 가져다주는지!

우리는 인내를 통해서 아버지이신 신에 대해서, 신과 그 아들인 인간과의 관계에 대해서 보다 깊이 이해하게 된다. 우리는 인내를 통해서 하루하루 짊어져야 할 십자가의 의미를 알게 된다.

십자가를 지지 않는 자는 자신과 신과의 관계를 잊은 것이며, 더 이상 신의 아들 속에 있지 않다. 우리는 자신의 십자가를 짊어지는 것뿐만 아니라 틀림없이 다른 사람의 십자가까지도 짊어지도록 요구받고 있다. 우리가 예전에 도움을 주었던 형제의 팔에 의지하지 않고는 신의 왕좌에 다가갈 수 없다. 사람과 사람 사이에 있어야 할 바람직한 모습이 바로 여기에 나타나 있는 것이다.

인내만큼 우리의 성장을 보여 주는 것도 없다. 우리는 '이것과 비슷한 상황을 예전에 어딘가에서 해결한 적이 있었던 것 같다'고 느낄 만큼 어려운 상황에 과감히 맞서게 되는 경우가 있다. 의심의 여지도 없이 예전에 그와 같은 경험을 한 적이 있을 것이다. 그것도 몇 번이나 되풀이해서.

그런데 또 다른 경우에는 그다지 어렵지도 않은 상황 때문에 애를 먹게 된다. 어째서 그런 경험을 하게 되는 것일까? 그렇게 어렵지도 않은 문제에서 도망치거나 굴복해 버리고 만다면 우리는 단지 겁쟁이일 뿐이다. 자신의 잘못을 깨닫는다면 최선을 다해 임하지 않았던 사실을 부끄럽게 생각하고 그 실패를 통해서 배워야겠다고 결심하게 된다. 어떠한 실패를 했다 할지라도 자신은 마지막까지 인내할 수 있었기에 다행이었다고 말할 수 있도록 해야 한다. 자신을 이해받지 못했다고 해서, 또 자신은 이해할 수 없다고 해서 도중에 포기해서는 안 된다. 이해를 받을 수 있을 때까지, 혹은 언젠가 이해할 수 있을 때까지 긍정적으로 기다리기를 바란다.

결국은 인내를 통해서 배운 교훈만이 우리에게 힘이 되고 우리를 강하게 해준다. 그리고 인내에 의해서 단련된 우리는 다른 사람들에 대한 실제 사례가 된다. 인내를 통해 배운 각각의 교훈은 우리의 내면에 깊이 새겨져 시간이 흘러도 지워지지 않는다. 그것들은 우리의 영혼에 묻혀 있는 고귀한 진주와도 같은 것으로 영혼에서 영원히 사라지지 않는 것이다.

아버지이신 신께서 준비해주신 것에는 놀라운 지혜와 배려가 포함되어 있다. 어떠한 순간에도 신께서는 우리가 감당할 수 있을 만큼의 것만을 주신다. 우리는 자신이 이해하지 못하는 것을 올바로 사용하지 못하기 때문이다. '내가 아직도 너희에게 이를 것이 많으나 지금은 너희가 감당하지 못하리라'요한복음 16:12고 예수께서 말씀하신 대로이다.

이웃에 대해 우리가 그들의 무거운 짐을 이해하고 있다는 사실을 보이고, 그들이 무거운 짐을 지고 있을 때에는 언제라도 도와줄 준비가 되어 있다는 사실을 보이도록 하자. 그렇게 함으로써 우리는 신의 약속을 실현하기 위한 자신의 작은 의무를 수행하게 되는 것이다. 이렇게 해서 우리는 신의 사랑의 작용에 대해 더욱 잘 알게 되고 자신의 성장에 대한 깨달음이 깊어지는 것이다.

인내를 아는 사람의 인생에는 영혼의 아름다움이 나타난다. 그 영혼의 아름다움은 매일 매일 목적이 있는 삶을 보내기 위해 기도에 넘치는 태도로 노력하는 사람에게 찾아온다. 영혼의 작용이 아름다운 것이 되려면 우리는 자신을 잊어야만 한다. 이것은 우리가 안과 밖, 양면에 걸쳐서 성장함을 의미한다. 그리고 깊은 명상의 토대가 되는 내면의 성찰의 결과로써 얻을 수 있다. 사랑은 그리스도의 말과 행동에 나타났던 것처럼 말과 행동 하나하나에 나타난다. 우리도 그리스도가 보이신 덕을 인내와 함께 자기 안에서 기르도록 하자. 인내가 행해지는 곳에는 한 조각의 후회도 없다. 오히려 인내를 잃는 곳에 모든 후회가 있다. 우리는 영원히 성장을 계속한다. 결과가 바로 나타나지 않는다며 포기해서는 안 된다.

어떤 사람이 다음과 같은 체험을 이야기해 주었다.

"저는 어느 날 커다란 시련에 직면한 적이 있었습니다. 그 시련 속에서 저의 참을성과 인내심은 하루하루 줄어갔습니다. 그러다 마침내 한계까지 왔다고 생각한 순간 저는 자신이 주의 뜻을 이 세상에 보이기 위한 도구, 수로에 지나지 않는다는 사실을 깨달았습니다. 이 깨달음 덕분에 힘과 용기를 서서히 되찾아 결국에는 위기 상황까지 이르게 했던 문제를 분명하게 인식하고 아무런 불안 없이 대할 수 있게 되었습니다. 강한 인내심으로 기다림으로써 주가 함께 계신다는 사실을 느끼게 됐다는 것은 참으로 가치 있는 경험이었습니다."

눈앞의 십자가를 나날의 인내로 짊어지는 자에게는 평안함 속에 주가 함께 계신다. 주는 그렇게 약속하셨다.

인내를 기른다는 것

인내를 실천해 나가면 우리는 자신이 신의 배려 속에서 살고 있다는 사실을 강하게 느끼게 된다. 바로 그때 내면의 자아가 깨달음을 얻도록 노력해 보기로 하자. 그렇다면 어떻게 해야 스스로 깨달을 수 있을까? 그것은 인내를 통해서이다.

인내심을 잃으면 우리는 자신을 지탱할 수가 없게 되어 두려움과 불안에게 파고들 틈을 주게 된다. 우리는 강한 인내심을 갖고 기다림으로써 신의 약속(즉, 신의 힘은 우리에 대해서 충분하다는 확신)을 자신의 것으로 삼을 수가 있다. 신의 힘이 우리에게 있는 한 우리에게 패배란 있을 수 없다. 그러니 무엇을 두려워할 필요가 있겠는가?

단, 영적 성장의 핵심인 인내를 자신의 것으로 만들기 위해서는 우리 스스로 세운 이상과 완전히 일치시킬 필요가 있다. 인내심을 기르는 과정에서 우리를 괴롭히는 여러 가지 상황에 직면하게 될지도 모른다. 그 모든 것이 우리를 창조주에게서 멀어지게 하는 경험일지도 모른다. 그러나 어떠한 경험에도 그에 어울리는 보수가 있게 마련이다. 우리가 길을 구하는 한, 위안을 주시는 신께서 언제나 우리 곁에서 손을 내밀어주실 것이다. 결코 우리를 홀로 내버려두는 일은 없다.

우리는 자신이 알고 있는 사실을 인내심을 가지고 실생활에 적용해 나감으로써 신의 법칙을 조금씩 이해하게 된다. 인내심을 키우기 위해서는 기도와 끊임없는 자기 성찰이 필요하다. 이것을 게을리 하면 사소한 방심으로 인해 자신도 모르게 분노를 드러내고 성급한 행동을 하게도 된다. 그것은 자신을 쓰러뜨릴 뿐만 아니라 그 화를 당하게 된 사람도 넘어뜨리게 한다. 이와 같은 자기중심적인 성향을 고치지 않는 한 인내심은 키울 수가 없다. 이러한 사실을 분명히 인식한다는 것은 그것 자체가 커다란 진보이다.

그리스도 안에서 자신을 잃어버리고, 봉사 안에서 자신을 발견하자. 그리스도 안에서 자신을 버리고 아버지와 하나인 자신을 발견하자. 이러한 발걸음은 신비한 힘을 가지고 있으며 그것의 실현은 신성(神性)을 띠고 있다. 우리가 생각하는 것, 이야기하는 것, 행동하는 것 모두가 인내의 정신에 의해 비롯된 것이라면 사람들은 우리의 실제 사례에서 배우려 할 것이다. 모든 사람들 속에서 신을 보는 사람은 누구나 이와 같은 경험을 한다.

나날의 시련 속에서 우리의 인내는 시험을 받는다. 하루하루 생겨나는 새로운 장애를 극복해 나감으로써 우리는 성장한다. 인내가 소극적인 복종이어서는 안 된다. 새로운 시련에 정면으로 맞설 수 있도록 우리의 인내는 적극적으로 성장하는 힘이어야만 한다. 주는 그 사랑하는 자를 징계하여 깨끗이 하신다. 왜냐하면 그 사람이 영원한 가치로 길러 온 마음과 영혼만이 영원한 생명을 물려받기 때문이다. 육체에 속한 덧없는 가치는 불태워 없애야 한다. 신은 태워버리는 불로, 신과 하나가 되기를 소망하는 모든 사람들을 깨끗이

하신다.^{히브리서 12:6, 고린도전서 15:50, 신명기 4:24 참조}

우리는 인내에 의해서만 승리를 얻을 수 있다. 우리는 영적인 수양에 힘씀으로써 성장한다. 이러한 노력에 의해 신에게로 다가가는 길이 열려, 모든 이들에게 찾아오는 시련이 우리에게 찾아왔을 때에도 신이 우리 곁에 계시며 지켜 주신다.

인내를 통해서 이해의 깊이를 더하려면 우리는 어떻게 살아야 하는 것일까? 자신이 알고 있는 것을 하루하루 적용하고 실천하며 살아야 한다. 신은 우리가 아직 알지도 못하고 이해하지도 못하는 삶을 살라고는 명령하시지 않는다. 우리는 지금 알고 있는 것을 실행에 옮김으로써 다음 발걸음에 필요한 지시과 이해를 얻을 수 있게 된다.

그렇다면 언제부터 그 실천을 시작하면 되는 것일까? 당장 오늘부터 시작해야 한다. 바울은 '지금은 은혜 받을 만한 때요 보라 지금은 구원의 날이로다'^{고린도후서 6:2}라고 말했다. 신의 약속을 믿으며 첫걸음을 내딛고, 인내심을 갖고 다음 한 걸음을 기다리기로 하자. 자신이 이해하고 있는 영적 원리를 시험하고 적용하려 하지 않으면 우리는 지금 있는 곳에서 한 걸음도 나아갈 수 없다.

끝까지 달리자

'믿음의 시련이 인내를 만들어내는 줄 너희가 앎이라'^{야고보서 1:3} 고 성경은 가르친다. 하루하루, 한 걸음 한 걸음 우리는 이와 같은 경쟁을 한다.* 이제 더는 참을 수가 없다고 생각한 순간 어떤 일이 일어나는 것일까? 사실은 자기 자신에 대한 인내를 잃은 것이다. 자기 자신에 대한 인내심을 잃었다는 것은 얼마나 큰 지옥인가!

우리는 속히 자신의 모습을 반성하고, 잘못이 있으면 바로잡고 삶을 수정해야만 한다. 자기 내면에서 오는 힘은 외부에서 오는 힘 이상으로 영향을 준다. 따라서 우리가 진지하게 자신을 바로잡으려 하면 고차원적인 자아가 언제라도 도움을 줄 것이다. 이는 자신을 성장시켜 신에게 다가가기 위한 소중한 기회이다. 마치 오늘로써 경쟁이 끝나 모든 일을 끝마치며, 신의 모든 약속의 성취가 오늘 하루의 노력에 달린 것처럼 오늘이라는 날을 진지하게 살아가기로 하자. 주이신 그리스도와 오늘 식사를 함께 한다고 하면 우리는 어떤 과실(즉, 우리의 오늘 하루의 어떤 생각과 활동과 행위)을 주에게 바칠 수 있을까?

인내에 휴일이란 없다. 우리가 지금까지 노력해서 목표로 삼아 온 것을 엉망으로 만들어 버리는 악의와 적개심이 마음속으로 들어오지 못하도록 항상 주의를 기울여 자신의 마음을 감시하기로 하자. 우리는 장애물을 넘어 인내심을 가지고 눈앞의 경쟁을 끝까지 해내라고 요구받고 있는 것이다. 이 경쟁은 아버지이신 신에게로

---

* 바울은 영적 성장을 목적으로 살아가는 삶을 '경쟁'에 비유했다. 히브리서 12:1 참조.

돌아가는 길이니 우리는 끝까지 달려야 한다. 그러나 참으로 고맙게도 우리는 혼자서 달리는 것이 아니다. '내가 곧 길이니 나로 말미암지 않고는 아버지께로 올 자가 없느니라'^{요한복음 14:6}고 말씀하신 주가 함께 달려 주신다. 주에 대한 신뢰로 뒷받침된 인내에 의해서만이 우리는 온갖 시련에 맞설 수 있으며 어떠한 장애도 뛰어넘을 수 있는 것이다.

인내는 육체에서 영혼으로 통하는 관문

"어떠한 활동에나 사람들의 협력은 반드시 필요하지만 그것의 참된 의미를 이해하고 봉사 속에서 자신을 잃었을 때 비로소 저는 제 안에 신이 계시다는 사실을 분명히 깨닫고 강한 인내심을 마음에 품을 수 있게 되었습니다. 저의 영혼은 이 인내심에 의해 성장하여 신의 성령(聖靈) 속에서 안심하고 걷고, 일하고, 기다릴 수 있게 되었습니다. 성령 안에 머무는 한 모든 것이 이익을 향해 인도된다는 사실을 실감합니다."^{멤버의 체험}

인내는 영혼의 성장에 있어서 가장 중요한 초석이다. 또한 인내는 육체에서 영혼으로 향하는 길에 서 있는 관문이다. 인내에 의해서 우리는 자신의 나약함과 마주하게 되고, 인내에 의해서 사랑, 신앙, 희망 등의 미덕을 향상시켜온 자신의 강인함을 확인할 수 있다. 자신은 예전에 어떤 인간이었는지, 또 지금의 자신은 어떤 인간인지, 그리고 앞으로 어떤 인간이 되려는 것인지, 이러한 사실들을 다른 어떤 미덕보다도 우리의 인내가 잘 가르쳐 준다.

인내는 우리가 예전에 어떻게 시련과 대치해 왔는지(정면으로 맞서 극복했는지, 아니면 시련 앞에서 패배했는지)를 보여준다. 인내는 말하자면 우리의 성장을 나타내는 지표다. 타인에 대해서 인내심을 가지고 결점까지도 받아들일 준비가 되어 있는지, 아니면 자신의 방법만이 진리와 이해로 가는 유일한 길이라고 생각하는 덜 성숙된 상태에 있는지를 나타낸다.

성경에는 '너희의 인내로 너희 영혼을 얻으리라'[누가복음 21:19]고 기록되어 있고 또 '사람이 만일 온 천하를 얻고도 자기 영혼을 잃으면 무엇이 유익하리요. 사람이 무엇을 주고 자기 영혼과 바꾸겠느냐'[마가복음 8:36-37]라고도 기록되어 있다.

우리는 무엇과도 바꿀 수 없는 귀중한 선물을 아버지이신 신의 손에서 받았다. 그런데도 우리는 마치 그것이 자신의 정당한 권리라도 되는 양 자신의 영혼 대신 자신의 자아를 확대하려 하는 것일까?

우리가 마음에 흐림이 없는 영혼의 소유자가 되기 위해서는 그에 앞서 인내해야 할 일들이 아직 많을지도 모른다. 하지만 하나하나의 시련을 인내해 나감으로써 우리는 강해지고, 다음 시련을 맞아들일 수 있게 된다. 베드로가 '주여 형제가 내게 죄를 범하면 몇 번이나 용서하여 주리이까. 일곱 번까지 하오리이까'라고 물었을 때 예수는 '일곱 번뿐 아니라 일곱 번을 일흔 번까지라도 할지니라.'^{마태복음 18:21}라고 대답하셨다.

우리는 일곱 번을 일흔 번까지나 인내할 수 있을까? 우리는 끝까지 견디고 참아낼 수 있을까? 그 반대로 모욕을 당하면 모욕을 주고, 맞으면 되받아치지는 않을까? 그렇다면 우리는 자신을 제어할 힘이 없으며, 타인에게 요구하는 기준에 자신은 도저히 맞출 수 없다는 사실을 나타내는 것이다. 우리가 반드시 알아야 할 많은 것들이 우리의 영혼 속에 담겨 있다. 인내하고, 자신이 알고 있는 사실을 실천해 나감으로써 우리는 은혜를 받고 지식과 이해의 깊이를 더해 가게 된다. 주여 우리도 그리스도처럼 인내를 향해 가도록 우리를 인도해 주소서!

축복의 수로가 된다는 것의 의미를 올바로 알고, 아버지이신 신이 함께 계신다는 깨달음이 깊어지면 우리 인생에서 보다 커다란 인내가 자연스럽게 발휘된다.

'너희도 길이 참고 마음을 굳건하게 하라. 주가 오실 때가 가까우니라.'^{야고보서 5:8}고 성경은 가르친다. 여기서 '때'란 언제를 말하는 것일까? 그것은 오늘을 말한다. 주는 다음과 같이 말씀하셨다. '내 형제 중에 지극히 작은 자 하나에게 한 것이 곧 내게 한 것이니라.'^{마태}

복음 25:40 이 약속을 통해서 아버지이신 신이 칭송 받을 수 있도록, 우리는 형제와 이웃에 대해 인내하고 신이 함께 계신다는 사실을 느낄 수 있는 세계를 넓혀 나가야 한다.

그러니 우리는 다음과 같이 기도하자.

오, 주여. 지상에서의 당신의 임재는 그 얼마나 은혜로운 것인지! 부디 우리가 빛의 창조주, 빛을 주시는 당신을 우러르며 인내심을 가지고 우리 앞에 놓인 경쟁을 헤쳐 나갈 수 있도록 인도해 주소서. 리딩 262-24

여덟 번째 가르침

문을 열자
The open door

"볼지어다 내가 문 밖에 서서 두드리노니 누구든지 내 음성을 듣고 문을 열면
내가 그에게로 들어가 그와 더불어 먹고 그는 나와 더불어 먹으리라."
- 요한계시록 3:20

기도의 말

아버지시여,
당신은 저의 모든 것을 알고 계십니다.
부디 저도 당신 나라의 문인 그리스도의 성령을 통해서
당신을 알게 되기를 바랍니다.
은혜 깊으신 아버지시여, 제게 길을 보여주소서.

여덟 번째 가르침
문을 열자

나의 혼이여, 너, 무엇 때문에 망설이느냐?
새로운 힘은 신앙에 의해서,
하루하루 새로이 하는 신앙과 노력에 의해서만
얻을 수 있다는 사실을 모르는 것이냐?
네가 있는 힘껏 팔을 뻗어 문을 열려 하지 않는 한
이해를 초월한 그 분의,
그 모습을 엿볼 수조차
없을 텐데.

— 스터디그룹 어느 부인의 시

시작하며

사람들이 그 놓인 입장과 상황이 아무리 복잡하고 서로 다르다 할지라도 신의 왕국을 물려받는 것, '무한하신 신'과 하나되는 영광에 이르는 것이 불변의 숙명이며 궁극적인 도달점이라는 사실에는 변함이 없다. 어느 영혼 속에나 이 숙명을 향해 스스로를 나아가게 하려는 의지가 있다. 대부분의 사람들은 무지와 오해 때문에 전지전능하신 신이 정하신 불변의 법칙을 거스르고 발버둥치며 자기중심적인 욕망을 만족시키려 한다. 하지만 몸부림 치고 있는 영혼들도 언젠가는 생명의 진실과 마주하고, 자신의 의지를 창조주의 성스러운 의지와 일체시켜야만 한다. 그때에 이르러서야 비로소 '나와 아버지는 하나'요한복음 10:30라는 사실을 체득하여 평안을 얻을 수 있게 된다.

이 세상에서 신의 나라로 통하는 문은 어디에 있을까? 이 문은 우리가 스스로의 인생에서 그리스도 의식을 나타내려 할 때, 거기에 나타난다. 이 문은 한 사람 한 사람이 스스로의 노력으로 열지 않으면 안 된다. 지금까지 일관되게 강조한 것도 이 그리스도 의식을 일깨워야 한다는 것이었다. 각 장에서 영혼의 미덕 (즉, 우리의 내적인 능력) 중 하나를 각각 다루었다. 한 사람 한 사람이 이들 덕성과 능력을 일상생활 속에서 노력하여 적용함으로써 영혼은 육체를 통해 스스로를 발휘하는 능력을 성장시키고 발달시키게 된다.

그러나 우리는 스스로에게 물어보아야 한다. '우리 가운데 누가 진실로 타인과 협력하는 것을 배웠을까? 우리 가운데서 누가 자신을 알고 형제와 이웃에 대한 자신의 입장을 이해한 것일까? 누가 그 이상(理想)을 완전히 그리스도와 일치시켰을까? 누가 그 신앙으로 인해 의인이라 인정받을 수 있을 정도로 아버지이신 신과 아들*에 대한 신앙을 깊이 품은 것일까? 누가 충분한 덕을 쌓고 이해를 더해 온 것일까? 누가 아버지이신 신과의 친밀한 유대감을 얻었을까? 누가 인내로써 자신의 영혼을 채우게 되었을까?'

그리스도의 성령**은 그리스도 의식을 실행하는 곳에 나타난다. 그리스도의 성령은 영혼의 힘을 발휘함으로 해서 모든 사람들에게 찾아온다. 창조의 힘이 꽃의 씨앗을 움직이게 하듯 '협력', '자기 성찰', '이상', '믿음의 힘', '미덕과 이해', '인내'를 실천하여 영혼의 힘이 발휘됨에 따라 그것들이 그 사람을 움직이게 하고 성장을 촉진한다. 때가 오면 꽃이 피듯이 사람의 영혼도 그리스도의 성령을 통해서 가지고 있는 힘과 영광을 최고로 발휘하는 것이다.

---

* 아들에 대해 리딩은 다음과 같이 설명한다. '이 물질세계에서 예수는 처음으로 아버지이신 신과 뜻을 하나로 한 자이다. 따라서 인간의 시점에서 보면 최초의, 그리고 유일한 아들이 되어 모든 종교의 모범이 된 것이다.' (리딩 900-17)
** 리딩에서는 그리스도의 성령과 그리스도 의식을 다음과 같이 정의한다.
문 : 그리스도 의식과 그리스도의 성령의 차이를 알기 쉽게 설명해 주시기 바랍니다.
답 : 성령의 의식과 그 성령을 적용하는 능력이 다르듯이 그리스도 의식과 그리스도의 성령도 그런 의미에서 구별된다. 그리스도 의식이 그리스도의 성령을 낳는 것이다. (262-29)

자신을 가다듬자

길을 위해 준비한다는 것은 자신을 가다듬는 것을 의미한다. 우리 한 사람 한 사람이 모두 길이신 그리스도가 들어오는 문인 것이다. '볼지어다. 내가 문 밖에 서서 두드리노니'요한계시록 3:20, '내가 곧 길이요 진리요 생명이니'요한복음 14:6라고 예수는 말씀하셨다. 우리는 그리스도가 함께 계시다는 의식과 자각을 스스로의 육체생활과 정신생활 양면에서 느낄 수 있도록 노력해야 한다. 여기서 배워야 할 것은 '영혼은 생명이고 마음은 창조주이며, 육체는 그 결과'라는 사실이다.

그리스도의 영적 작용에 자신을 완전히 맡기고 나서야 비로소 우리는 바로 '내면의 나라로 가는 문이 열렸다'고 말할 수 있다. 이기적인 생각이나 감정을 전부 닦아내고, 그 대신 신의 뜻을 이 세상에 실현하기 위해 신께 쓰이고 싶다는 바람으로 가득 채워야 한다. 자신의 행복보다 오히려 형제의 행복을 구하는 사람은 그 선에 상응하는 보답을 받게 될 것이다.

그와 반대로 우리의 삶이 자기중심적이 되어 버리면 결국에는 인생이 정체 상태에 빠지고, 인생에게 속고 있다는 사실을 느끼게 될 것이다. 이와 같은 상태에서는 설령 선을 베풀 기회가 왔다 하더라도 거기에서 등을 돌려 자신에게 쏟아지고 있는 선의 흐름을 막아 버리게 된다.

우리의 목표는 '길'이다. 그렇다면 죽음을 면할 길이 없는 인간이 만든 장애물 따위에는 눈길도 주지 말고 유일한 목표를 향해 나아가기로 하자.

우리는 누구를 믿고 있는가? 만물은 그분으로 인해서 존재하고 있지 않은가? 이 사실을 이해하고 있다면 우리는 이미 신의 것이다. 우리가 신을 선택함으로써 신도 우리를 선택해 주시는 것이다. 우리가 신과 하나임을 깨달으면 우리는 신의 일꾼이 되어 자신이 발견한 기쁨과 평안과 행복을 주위 사람들에게 전파할 수 있게 된다. 아니면 우리는 신의 부름에 응하지 않을 생각이란 말인가?

그렇다면 어떤 식으로 시작해야 될까? 그 답은 이렇다.

우리의 손에는 무엇이 들려 있는가? 우리 손에 있는 것을 활용하면 된다. 지금까지 우리는 하루하루 무엇을 만들어 왔을까? 자신이 지금까지 가꾸고 키워온 것을 활용하면 된다. 그리고 망설임 없이 문을 열어 신을 맞아들이는 것이다. 그러면 신은 우리와 함께 계셔 주신다. 신앙이 횃불이 되어 신의 집에 이르는 길을 비춰 줄 것이다.

아버지 집의 문은 우리를 향해 열려 있다. 신의 집에서 열리는 축제의 향연에 들어갈 때의 암호는 '봉사'이다. 그때 우리는 '자, 우리 아버지에게 축복을 받은 사람들, 너희를 위해 준비된 나라로 들어가라. 나의 형제들이여 그들 중 지극히 작은 자 하나에게 한 것이 곧 내게 한 것이라'마태복음 25:40는 말과 함께 초대를 받게 될 것이다.

신앙을 갖고 사람들에게 봉사를 하려고 하면 우리는 내면의 여러 가지 갈등과 저항에 부딪치게 된다. 그 가운데서도 자기중심적인 성격과 신경과민적인 성격은 커다란 장애물이다. 이 성격들은 우리의 시야에서 '이상'을 감추고, 이웃과 진심으로 한몸이 되어 협력하는 것을 어렵게 만든다. 우리의 성장을 더디게 하고, 무엇을 해도 무의미하고 무가치한 것이라 생각하게 만든다. 이와 같은 경향이 강해지면 마지막에는 자기 파괴적인 생각까지 갖게 된다.

우리는 자기 자신을 잃고 '성령'의 인도를 받음으로써만 진정으로 자유로워지고 영속적인 가치를 가진 모든 일을 실현할 수 있다. 우리의 마음속에 의심, 불평불만, 자괴감 등이 스며들면 문은 서서히 닫히며 마침내는 희미한 빛조차 찾을 수 없을 정도로 완전히 닫혀 버리게 된다. 이와 같은 의식이 마음을 지배하고 있는 한 절망에서 벗어날 수는 없다. 우리는 빛을 차단하는 문 앞에서 (즉, 신과 신의 은혜에 대해서 문을 닫은 채) 살아가게 된다.

신을 의심하고 신을 부정하는 것을 최상의 가치로 여기는 사회에서 자살과 살인과 온갖 종류의 죄악이 행해진다 한들 조금도 이상할 것이 없다. 지금 이 세상에서 좀 더 완전한 '길'을 받아들일 수 있는 사람은 그렇게도 적은 것일까? 예수는 이 세상에 승리하셨고 길이 되셨다. 마찬가지로 봉사를 통해서 예수가 가신 길을 따르는 우리도 온갖 것에 승리를 거둘 수 있을 것이다.

어떻게 문을 열 것인가?

그리스도를 맞아들이기 위해서는 우리 스스로가 문을 열어야 한다. 그렇다면 어떻게 해야 문을 열 수 있을까? 어떤 일이든 그리스도 의식을 기준으로 판단하고 매일매일의 생활을 통해서 주위 사람들에게 그리스도의 사랑을 드러내야 한다. 그리스도의 사랑을 나타낼 때 우리는 내면의 영혼의 목소리에 귀를 기울인다. 그러면 우리의 부름에 바로 대답을 해준다. 영혼의 목소리는 폭풍처럼 강하게 오는 것이 아니라 조용하고 작은 목소리로 찾아온다.열왕기상 19:12, 욥기 4:16 우리가 그 목소리에 귀를 기울이고 신뢰하면 그 목소리는 모든 사실을 가르쳐주고 모든 사실을 떠오르게 해준다.요한복음 14:26

만일 우리가 이 위대한 '지성(Intelligence)', 그리고 이 위대한 '나는 존재한다(I AM)'를 알아보고 마음의 문을 열기만 하면 우리 마음속으로 들어올 것이다. 그리고 다음과 같은 말에 귀를 기울이게 된다: '주의 이름을 부르며 구해 온 너희는 기도와 명상을 통해서 배워 온 지혜를 너희의 매일매일의 발걸음과 행위 속에서 발휘하라.'

훌륭한 국왕은 그 국민과 가능한 한 접촉하려 노력하며 국민이 필요로 하고 있는 것을 이해하고 법에 특별히 충실한 사람에게는 즉시 보상을 해준다. 인간의 왕조차 이러할진대 자식들을 지켜보는 하늘의 아버지는 얼마나 신경을 써서 그 자식들을 도우려 하겠는가?

그러나 신은 신 자신을 나타내시기 이전에 먼저 우리가 신의 얼굴을 구하고, 신이 계심을 믿기를 우리에게 요구하신다. 성경에 '너희'가 나의 백성이 되면 나는 너희의 신이 되겠다'히브리서 8:10, 레위기 26:12, 예레미야 30:22 참조고 기록되어 있는 것처럼 만약 신의 나라에 이르는 문을 열고자 한다면 우리는 거기에 어울리는 만큼의 노력을 해야 한다.

아버지이신 신에 이르는 길은 무엇일까? 우리는 그리스도를 통해서, 즉 그리스도 의식을 가짐으로써 아버지이신 신에 이르고, 문을 열고, 길을 발견하고, 신의 목소리를 듣는 것이다. 도움을 청하는 약자의 목소리를 외면한다면 우리는 신의 임새에 이르는 문을 스스로 닫아 버리는 셈이 된다. 왜냐하면 약자들에게 등을 돌린다는 것 자체가 애초부터 그리스도 정신에 위배되는 것이기 때문이다.

성경에 다음과 같은 비유가 있다. 신으로부터 의인이라고 인정받은 사람이 신에게 물었다. '제가 언제 당신이 헐벗은 것을 보고 옷을 입혔으며, 굶주린 것을 보고 먹을 것을 주었으며, 여행하는 것을 보고 잠자리를 내주었습니까?' 그에 대해 신은 이렇게 답하셨다.

---

* 성경의 이 말씀은 신이 마치 기브 앤 테이크 정신에 입각하여 인간 쪽에 서기도 하고 서지 않기도 하는 것 같은 인상을 주지만 이 구절이 의미하는 바는, 신과 인간의 관계를 성립시키는 것은 신이 베푸시는 일방적인 은혜에 의한 것이 아니라 인간 쪽의 작용도 그와 마찬가지로 중요하다는 뜻이다. 에드거 케이시의 리딩(1158-9)은 이것을 다음과 같이 설명한다. '당신들에게 사랑하는 자식이 있다고 하자. 부모를 찾는 자식과 찾지 않는 자식 중 당신은 어느 쪽에 응하겠는가? 이것은 당신이 한 아이에게만 더 큰 애정을 쏟아 붓고 있다는 사실을 말하는 것이 아니다. 이것은 상호적인 반응인 것이다.'

'내 형제 중에 지극히 작은 자 하나에게 한 것이 곧 내게 한 것이니라.' 마태복음 25:38, 40

형제와 이웃에게 친절한 말을 건네고, 조금이라도 고통을 덜어주었을 때 우리는 그리스도가 들어오실 문을 연 셈이 되는 것이다. 그리스도를 거치지 않고 신의 나라에 들어갈 수는 없다. 그리스도만이 신의 왕국에 이르는 유일한 길이다.

우리가 그리스도의 성령의 작용을 높여감에 따라 우리 자신도 다른 사람들을 길로 불러들이는 문이 되어 간다. 그 사실을 자각하기로 하자.

우리는 3차원의 물질세계에서 살아가고 있다. 따라서 주위 사람들에게 이 길을 전하고, 이 길을 깨닫게 하기를 간절히 원한다면 우리가 발휘하려는 영성도 이 세상의 언어로 이야기하고 이 세상의 작용을 통해 표현해야 한다. 우리가 사람들 앞에서 아무리 사랑에 대해 열변을 토한다 한들 사람들 마음을 밝게 해주는 미소와 친절과 같은 작은 행위가 없다면 대체 그 말에 얼마만큼의 가치가 있겠는가?

자기 내면에 있는 그리스도 의식을 깨닫기 시작하면 우리는 자신의 행위를 통해 그리스도의 성령을 나타내게 된다. 우리는 자신의 영적 속성을 하루하루 실천함으로써 살아 있는 증거가 되며 자신이 주와 하나라는 사실을 나타내게 된다. 이렇게 해서 우리는 자기 자신이 문을 열게 될 뿐만 아니라 다른 사람들이 지나기 위한 문이 되어 가는 것이다. 이 길에 힘쓸 때, 길 가운데서 만나는 사람들도 진리를 구하는 사람들이며 신이 기르시는 이스라엘* 백성이라는 사실을 잊어서는 안 된다.

아버지이신 신을 어떻게 알 수 있을까

신은 아버지로서 우리를 알고 계신다. 따라서 우리도 아버지로서의 신을 알 수 있을 것이다. 신은 우리가 형제나 이웃과의 인간관계를 통해 우리를 판단하신다. 우리는 타인에게 준 것만큼 돌려받으며, 타인을 판단하는 그 헤아림으로 우리도 헤아림을 받게 된다.^{마태복음 7:2, 마가복음 4:24, 누가복음 6:38} 이는 신께서 그것을 바라기 때문이 아니라 우리의 생각과 말과 행동이 그런 선택을 하기 때문이다.

신께서는 어떤 사람에게나 차별 없이 신의 왕국을 주시는 것을 기쁨으로 아신다. 우리는 그러한 아버지를 알고 있는 것일까? 알고 있다면 휘청거리다 쓰러져 있는 이웃에게 사랑과 공감의 손길을 내밀기로 하자. 우리가 그들의 손을 잡아 일으킬 때, 바로 그때 우리 자신도 신의 팔 안으로 끌어올려지는 것이다. 사람들은 각각 자신

---

* 여기서 '이스라엘'이란 특정 민족을 가리키는 것이 아니다. 에드거 케이시의 리딩에서 말하는 이스라엘이란 '길을 구하는 자'라는 보편적인 의미로 사용된다. 따라서 길을 구한다면 우리도 이스라엘인 것이다.

에게 필요한 경험을 하고 있다. 따라서 각자의 성장 과정을 존중하고 인정해 주지 않으면 안 된다. 군중 속의 예수를 잠깐이라도 보기 위해서 나무에 오른 삭개오를 생각해보라.^{누가복음 19:2} 삭개오는 보다 넓은 시야를 확보하기 위해서 높은 곳으로 올라 그날 '진리'와 식사를 함께 하는 것을 허락받았다.*

우리는 신의 속성을 이 세상에 나타냄으로써 신을 알게 된다. 그러나 하루 만에 신의 속성 전부를 알려고 해서는 안 된다. 오히려 한 걸음 한 걸음 조금씩, 교훈에 교훈을 더하고, 여기에서 조금, 저기에서 조금씩 하루하루 신에 대해서 알아 가기를 비라야 할 것이다.

'나의 원대로 마시옵고 아버지의 원대로 하옵소서'^{마가복음 14:36}라는 기도에 따라서 살아가기를 열심히 구하고 주 안에서 자신을 잃으면 우리는 결국 아버지이신 신의 나라의 문이신 그리스도와 하나가 된다. 우리는 신이 우리의 봉사를 요구하는 이기적인 주인이 아니라 오히려 전능하시며 베푸는 주인, 우리가 필요로 하는 모든 것을 이해하고 계신 아버지임을 알게 된다. 다음과 같은 시를 지은 시편의 저자는 이와 같은 사실을 아주 잘 알고 있었다.

---

* 삭개오는 세금징수인의 우두머리였고 키가 매우 작다는 신체적 특징 때문에 같은 유대인들로부터 미움의 대상이 되었다는 사실이 누가복음 19장에 기록되어 있다. 어떤 사람이든 그가 행할 수 있는 최대한의 성실함으로 주에게 다가가려 하면 주는 거기에 응해 주신다는 사실을 이 삭개오의 이야기를 통해 알 수 있다.

내가 주의 법을 어찌 그리 사랑하는지요
내가 그것을 종일 작은 소리로 읊조리나이다. 시편 119:97

신의 뜻을 자신의 뜻으로 삼는 그 순간 우리는 아버지이신 신에 대해서 새로이 알게 되는 것이다.

봉사의 목적

우리는 형제를 지키는 보호자이다. 이 진실을 바탕으로 사물을 보는 새로운 견해, 새로운 사고방식이 나타나고 새로운 질서가 태어나려 하고 있다. '낡은 것은 없어지고 보라, 새로운 것이 막 나타나려 하고 있다.' 요한계시록 21:1-5

우리는 이웃에 대한 인간의 참모습을 지금과는 전혀 다른 관점에서 파악하려 하고 또 그렇게 하고 있다. 아버지의 큰아들인 예수 그리스도가 보여주신 배려와 사랑의 본질을 좀 더 분명하게 파악하고 그것을 그리스도의 성령 안에서 다른 사람들에게 전파하자. 그저 앉아서 하는 일 없이 내일을 기다리는 일이 없도록. 주가 함께 계실 것이라는 위대한 약속, 특권, 기회를 오늘 활용하는 것이다. 이기심은 사심없는 마음속으로 삼켜 버리도록 하자.

봉사에는 커다란 의의가 있다. 출구를 잃은 시내의 물살은 머지 않아 고여 탁해지기 시작한다. 마찬가지로 자신을 성장시키는 것만이 봉사의 목적이 아니다. 거기에는 보다 커다란 의의가 있다. 다시 말해 우리의 형제도 그 '빛'에 대해서 알도록 인도하는 것이다. 형제에게 봉사하고 '빛'을 전하는 것은 우리의 책임이자 또한 기쁨이다. 이러한 봉사에는 때로 어려움이 따른다. 그러나 주께서 우리를 위해 거친 파도를 잠잠하게 해주실 것이다.

주는 지친 자를 위로해 주신다. 어떠한 시련이 닥친다 할지라도 신앙이 흔들려서는 안 된다. 우리의 사업을 본 사람들이 '인도자'이신 주에 대해서 좀 더 잘 이해할 수 있도록 자신을 무(無)의 상태로 만들자. 주는 '빛'이기에 우리가 주에게 다가갈수록 길이 한층 더 밝아지기 때문이다.

축복의 수로가 되고자 한다면, 우리가 평소 전하고 있는 사실을 스스로의 생활 속에서 실천해야 한다. 매일 합당한 영적 진리를 선택하여 먼저 그것을 자신을 위해 실행한 다음, 주위 사람들을 위해서 실행해야 한다. 그렇게 하면 사람들은 우리가 전하고 있는 사실을 우리 자신이 충실하게 실생활에서 실천하고 있다는 사실을 알게 된다. 이렇게 하면 사람들에게 전할 수 있다. '볼지어다. 내가 세상 끝날까지 너희와 항상 함께 있으리라.'^{마태복음 28:20}고 하신 예수의 말씀을 가슴에 새기고 나아가기로 하자.

신의 왕국

내면의 그리스도 의식을 깨닫는다는 것은 우리 인생에 그리스도의 성령이 나타나기 위한 길을 연다는 것을 의미한다. 원하는 모든 사람들에게 이 길은 열려 있다. 거기에는 많은 시련이 있을지도 모른다. 그러나 그리스도의 성령을 받음으로 해서 우리는 시련에 맞설 수 있게 된다.

우리는 자신의 인생이 그리스도의 힘에 의해서 지켜지고, 인도되고 있다는 사실을 의식의 한부분을 통해 알고 있다. 그러한 자각을 자신이 의지처로 삼을 수가 있다. 그래도 불안하거나 의심이 생긴다면 그것은 우리에게 기도가 필요하다는 징후이다. 불안과 의심이 오래 머물도록 해서는 안 된다. 오히려 고개를 들고 앞을 바라보는 것만으로도 신앙이 되살아난다는 사실에 감사하도록 하자. 신앙 위에만 우리의 희망을 세울 수 있으니.

지상에 왕국을 세우는 일은 평생을 걸고 추구할 만한 가치 있는 일이다. 왕국을 거느린다는 것은 책임이 따르는 일이기도 하지만 동시에 영예를 가져다주는 일이기도 하다. 자신의 힘으로, 그것도 사람들을 위해서 무엇인가를 성취하면 거기에 상응하는 만족을 얻게 된다. 지상의 왕국에서조차 그러할진대 이 세상 처음부터 우리를 위해 준비되었던 신의 왕국을 물려받는다는 것은 얼마나 영예로운 일이겠는가? 그것을 방해하고 있는 것은 무엇일까? 자기 자신이다! 자신이 유일한 장애물이라는 사실을 알면 우리는 자신을 떨쳐버리고 성령의 인도에 따라 신의 왕국을 물려받을 권리를 완전히 자신의 것으로 만들려 하지 않을 수 있겠는가? '하늘과 땅의 모든 권세를 내게 주셨으니'^{마태복음 28:18}라고 하신 예수의 말씀이 우리 위에서 축복으로서의 의미를 발휘하는 것이다.

조용히 하라 내 자녀들이여! 머리를 숙여라. 그 '성령'을 이 세상에 나타나게 하는 것이 이렇게도 필요한 이 시대에 봉사를 위해 부름을 받은 너희들*에게 '길의 주'께서 ('빛'을 구하는 사람에게는 길을 보이실 것이라는 사실을) 알리겠다. 아버지의 영광은 부름을 받은 바 목적에 충실한 너희를 통해서 나타날 것이다! 주의 이름을 끊임없이 부르던 너희들은 매일매일의 생활을 통해서 사람들에게 주의 길을 보일 것이다. 자기 인생의 일부로 삼아 온 교훈을 사소한 행동으로 옮김으로써, 혹은 기도와 명상 속에서 사람들과 교제함으로써 사람들에게 주의 길을 알리게 될 것이다. 왜냐하면 주는 모든 사람들 곁을 찾아가(누구나 원하는 사람의 곁에 오신다), 황금 홀(笏)은 이스라엘을 떠나지 않는다**는 사실을, 주의 길은 헛되

---

* 좁은 의미로는 이 '신의 탐구'를 위한 스터디그룹의 멤버들을 가리키지만, 넓은 의미로는 내적 그리스도의 성령의 촉구에 따르는 모든 탐구자들을 가리킨다.
** '황금 홀'이란 원래 왕권을 상징하는 것으로, 이 리딩은 다소 난해하다. 케이시의 다음 같은 리딩을 통해 이 말의 의미를 알 수 있다.

지 않는다는 사실을 너희가 알 수 있도록, 너희 양심의 문 앞에 서 계시기 때문이다. 너희가 듣기만 한다면 오늘 길은 너희에게 열릴 것이다. 나 미카엘이 너희에게 고한다!^{리딩 262-27}

너희 사람의 아들들이여, 머리를 숙여라. 너희가 주의 길을 알도록 하기 위해 '길의 주'인 나 미카엘이 너희에게 계율을 주겠다. 너희 형제의 길을 방해해서는 안 된다. 비웃는 자의 자리에 앉아서는 안 된다. 오히려 모든 사람들이 두려움에서 해방되도록 주의 이름에는 사랑과 영광과 힘이 있나는 사실을 알려라. 나 미카엘이 말했다!^{리딩 262-28}

오오, 너희 사람의 아들들이여! 머리를 숙여라. 너희 한 사람 한 사람에게 놓인 신뢰에 성실하다면 주의 영광은 너희들 것이다!

너희가 믿어 온 분이 누구인가! 주는 모든 자들의 주이시

문: '황금 홀은 이스라엘을 떠나지 않는다'는 말은 무슨 의미입니까?
답 : 이스라엘이란 주의 선민이며, 주의 약속, 주의 배려, 주의 사랑은 주의 길을 구하는 자, 주의 얼굴을 구하는 자, 주에게 다가가려 하는 자에게서 멀어지지 않는다. 이것이 그 의미다. 이 사실을 모든 사람들이 이해해야 한다. 구하는 자는 이스라엘이다. 구하지 않는 자는 이스라엘이 아니다. '하나님이 능히 이 돌들로도 아브라함의 자손이 되게 하시리라'(누가복음 3:8)는 성경의 말씀을 알지 못하는가? 아브라함이란 '부름'이라는 뜻이다. 한편 이스라엘은 '구하는 자'라는 뜻이다. 그는 어떻게 해서 이스라엘이라는 이름을 얻게 되었을까? 그가 천사와 격투를 벌였기 때문이다(창세기 32:29). 그가 직접적으로 신의 길을 구했기 때문이다. 우리도 역시 부름을 받아 주의 얼굴을 구한다면 이스라엘이다. 황금 홀, 즉 주와의 약속과 사랑과 영광은 주의 얼굴을 구하는 자에게서 멀어지지 않는다. 그 사실을 기억하라!

며, 나날이 충실한 자에게 주의 말씀은 헛되지 않을 것이다. 이 사실을 기억하라. 주의 얼굴을 찾아 구하는 자를 나 미카엘이 지키겠다! 리딩 262-29

이렇게 해서 우리의 기도는 다음과 같은 것이 된다.

아버지시여, 당신은 저의 모든 것을 알고 계십니다. 부디 저도 당신 나라의 문인 그리스도의 성령을 통해 당신을 알게 되기를 바랍니다. 은혜 깊으신 아버지시여, 제게 길을 보여 주소서. 리딩 262-27

아홉 번째 가르침

신과 함께
In His Presence

"나는 너희 중에 행하여 너희의 하나님이 되고 너희는 내 백성이 될 것이니라."
– 레위기 26:12

기도의 말

하늘에 계신 우리 아버지시여,
제 안에 계시는 당신에 의해서 지상에 왕국이 임하기를.
매일 저를 집하는 사람들이 당신의 말씀의 빛을 받기를.
형제 가운데 계시는 당신에게 제가 눈을 떠
당신의 영광을 칭송할 수 있게 되기를.
바라건대 당신이 저와 함께 계시다는 사실을
사람들이 알 수 있는 인생을,
그로 인해서 당신의 영광이 사람들로부터 칭송 받을 수 있는 인생을,
제가 살 수 있게 해주소서.

아홉 번째 가르침
신과 함께

시작하며

성문들아, 너희 머리를 들지어다.
영원한 문들아, 들릴지어다.
영광의 왕이 들어가시리로다. 시편 24:7

우리의 사고방식, 입에 담는 말, 행동, 인생 전반에 대한 우리의 태도는 '우리가 신을 어떻게 이해하고 있는가' 하는 그 이해의 방법에 따라 방향이 정해진다. 우리의 내면 생활의 품격, 주위 상황과 인간관계에 대한 우리의 대응 방법도 결국은 신이 함께 계신다는 사실을 우리가 얼마나 깨닫고 있는가, 또 그 깨달음에 대해서 어떠한 노력을 기울이고 있는가를 반영하는 것이라고 할 수 있다.

사람은 누구나 신의 계율을 지키고 실행하면 신의 임재를 경험하며 그 사실을 알고 이해하게 된다. 그러나 신을 우리와 분리된 존재처럼 생각하거나, 노력하여 체험하거나 인식하는 존재인 것처럼 생각하면 사소한 일로 자신이 신의 안에 있다는 사실을 놓치게 된다.

신은 언제나 우리와 함께 계신다. 왜냐하면 우리는 신 안에서 살고, 움직이고 존재하는 것이니.^{사도행전 17:28} 우리는 이 사실을 분명히 이해하고 우리가 신의 아들이라는 사실을 인식할 필요가 있다.

신은 만물 창조의 배후에 있는 성령이다. 신은 하나다. 우리는 신을 그 창조물에서 떼어낼 수가 없다. 신을 창조물에서 떼어내려 하면 우리는 2원론의 미망에 빠져 혼란을 일으키게 된다. 우리를 창조주에게서 떼어내거나 분리된 존재라고 생각하면 우리는 방향타를 잃은 배처럼 되어 버린다.

신과 그 창조물은 지금까지도, 그리고 앞으로도 언제나 하나이다. 그러나 신과 하나라는 사실도 그것 자체로는 우리의 삶을 바꾸지 못한다. 우리가 신과 하나라는 진실에 눈을 뜨고 자신의 뜻으로 그것을 받아들일 때 비로소 우리 내부에서 긍정적인 변화가 일어나며 인생이 새로운 의미를 갖게 된다. 왜냐하면 우리는 자유의지를 부여받은 존재이기 때문이다.

신은 우리가 생각하는 것과 같은 인격적 존재가 아니다. 그러나 신의 임재를 구하는 자에게 신은 친밀하고 개인적인 존재가 된다.

신은 모든 존재에 대해서 신이며, 신을 구하는 자에 대해서는 아버지가 된다.

예수가 지상에서 육체의 모습을 취하셨을 때에 강조되었던 것도 우리는 '신과 하나'라는 진실이었다. 예수는 사람들을 향해 소리 높여 선언하셨다. "스스로는 아무것도 할 수 없다. 내 안에 계시는 아버지가 그 일을 행하고 계신다."_{요한복음 8:28, 14:10 참조}

이와 마찬가지로 신의 일을 수행하려 하는 우리는 우리 안에 임재하시는 신을 언제나 자각할 수 있도록 노력해야만 한다. 인도, 도움, 지원, 기쁨, 평안 등 인생을 살아가는 데 있어서 가치 있는 것이라 여겨지는 요소들은 모두 우리 자신 속에 존재한다. '찾으라, 그러면 찾아낼 것이요, 문을 두드리라 그러면 열릴 것이니'_{누가복음 11:9}라고 기록된 대로이다.

'오오, 너희 사람의 아들들이여, 주이신 너의 신은 하나다. 어떠한 성령도, 어떠한 성장 과정에 있든 그 유일한 분 (그렇다. 주, 신, 여호와, 야훼) 그 전일하신 분에 대한 지식, 이해, 개념을 향하고 있다."

우리는 우리 자신 속에 있는 조용하고 조그만 목소리에 귀를 기울여, 신의 임재가 우리와 함께 있다는 사실을 알 때 비로소 우리가 신과 하나라는 사실을 깨닫게 된다.

---

* 리딩 262-32.

신의 임재를 아는 것

우리의 영혼은 신의 가장 단순한 구성 요소이며 (인간이 그것을 복잡한 것으로 만들고 있을 뿐이다) 그 영혼 안에서 우리는 신의 존재를 발견한다. 자신의 내부와 외부에서 신의 임재를 느끼게 되면 우리는 차분해지고 걱정이나 불안은 사라지며 새로운 힘으로 가득하다는 사실을 깨닫게 된다.

신의 성령은 영혼을 통해서 (영혼의 모든 힘을 통해서) 이야기한다. 어떻게 해야 그 사실을 알 수 있는 것일까? 그것을 알려면 우선 자신이 신의 임재에 대해서 어떤 태도를 취하고 있는지 자각할 수 있을 때까지 자신을 바라보고 명상해야 한다. 옛날 사람들은 '이 지식이 내게 너무 기이하니 높아서 내가 능히 미치지 못하나이다'[시편 139:6]라고 말해 왔다. 우리도 육체에 갇힌 인간이 그와 같은 지식에 도달하는 것은 불가능하다고 느낄지도 모르겠다.

그렇다면 우리는 어째서 신의 말씀을 그대로 받아들이지 못하는 것일까? 신께서 아낌없이 주시는 은혜와, 사랑과, 자비를 어째서 받아들이지 못하는 것일까? '너희 중에 누구든지 지혜가 부족하거든 모든 사람에게 후히 주시고 꾸짖지 아니하시는 하나님께 구하라'[야고보서 1:5] '나 여호와는 변하지 아니하나니'[말라기 3:6]라고 성경은 가르치고 있지 않은가?

신을 우리와 동떨어진 존재라고 생각해 버리면 우리는 내면에 계신 신을 아는 힘이 흐려진다. 내적 영성의 열기를 식게 해서는 안 된다. 신의 성령이 우리의 영혼과 함께 증거 해줄 때^{로마서 8:16 참조} 우리는 자신뿐만 아니라 형제와 친구, 적에 대해서도 더욱 잘 이해할 수 있게 된다.

우리 앞에 어떤 과제가 놓여 있다 할지라도 신의 배려와 힘이 우리에게 임한다는 사실을 알고 두려움 없이 맞서기로 하자. 신의 빛은 우리의 앞길을 비추며 길을 보여 준다. 신은 길에서 쓰러지려 하는 우리를 지탱해 주시며 우리에게 위기가 찾아오는 것을 용납하시지 않으신다. 바라건대 언제, 어디서나 신의 임재를 느끼며 살아갈 수 있기를. 그리고 우리가 행하는 일로 인해서 우리를 증거 하도록 하자.

자아가 점차로 작아지고 희망과 신뢰를 마침내 '말씀'^{요한복음 1장 참조}에서 구하게 됨에 따라 우리 한 사람 한 사람은 신의 임재를 더욱 깊이 깨닫게 된다. 신을 알려고 하는 자는 신이 계시다는 사실을 믿고, 신은 자신을 열심히 구하는 자에게 보답하신다는 사실을 믿어야 한다. '주는 목자'*라는 한 구절을 읽으면서 이 말을 자신에게 적용시켜 봤을 때 그 진실성을 몇 번이나 의심했었는지. 자신의 의지를 신

---

* 성경에서는 종종 신을 '목자(양치기)'에 비유했는데, 팔레스티나에서의 양치기와 양의 관계를 알면 이 비유의 의미를 보다 깊이 음미할 수 있다. 즉, 그 지방의 양치기는 양 한 마리마다 이름을 붙이고, 각각에 대해 이 양은 다리가 약하다, 이 양은 겁이 많다는 등 세세한 부분까지 전부 알고 있다. 또한 이동할 때는 야수의 먹잇감이 되지 않도록 양치기가 가장 앞장서서 걸으며 한 마리라도 길을 잃으면 아무리 늦은 밤이라 할지라도 그 마리를 찾을 때까지는 결코 집으로 돌아가지 않는다. 이러한 의미에서 신은 '선한 목자'라 불리는 것이다. 요한복음 10:1-18 참조.

의 인도에 복종시킴으로써 신의 마음을 행하려는 자에게 신은 그 어떤 좋은 것도 아끼지 않으신다는 사실을 우리는 조금씩 이해하게 되는 것이다.

자신을 가다듬기

신의 임재 속에 자신을 인식한다는 것은 그렇게 쉬운 일이 아니다. 이 세상의 걱정거리가 마음에 스며드는 것을 용납해 버리면 우리는 정신적으로도 육체적으로도 신의 임재에서 멀어져 버리고 만다. 우리가 여러 성장 단계에 있는 것처럼 우리의 의식 상태도 제각각 다르다. 어떤 사람에게 있어서 자신을 가다듬는 데 꼭 필요한 것이 다른 사람에게는 2차적인 의미밖에 안 되는 경우도 있다. 그러나 다음의 원칙을 지키는 것은 어느 사람에게나 유익하다.

1. 올바른 판단과 깨끗한 생활을 위한 규칙.
2. 커다란 유혹이나 시련의 순간에도 굳건하게 있을 수 있도록 특별히 명상과 기도 시간을 마련해 둘 것.
3. 기쁠 때나 슬플 때나 신께서 함께 하신다는 의식을 가질 것. 왜냐하면 마음은 건설자이기 때문이다.
4. 우리가 공공연히 말하고 있는 신념과 우리가 내건 이상이 일

치한다는 사실을 다른 사람들이 납득하도록 행동할 것.

우리는 스스로가 공언하고 있는 삶의 실제 사례가 되어야 한다. 그러나 실제로 우리의 대부분은 공언한 것에서 상당히 동떨어져 있고, 그 행동은 그리스도 의식과 일치하지 않는다. 뿐만 아니라 우리의 말과 행동이 종종 주위 사람들에게 신의 속성을 오해하도록 만드는 원인이 되기도 한다.

'나를 사랑하면 나의 계명을 지키리라'^{요한복음 14:15}고 성경에 기록되어 있다. 그렇다면 무엇이 주의 계명일까? '이 지극히 작은 자 하나에게 한 것이 곧 내게 한 것이니라 하시고'^{마태복음 25:40 참조}라고 기록되어 있는 대로이다. 그렇게 하면 '너희를 위하여 거처를 예비하면 내가 다시 와서 너희를 내게로 영접하여 나 있는 곳에 너희도 있게 하리라'^{요한복음 14:3}는 약속을 얻게 된다.

우리가 신의 임재 속에서 살아가면 어떤 시련이 우리에게 닥치더라도, 몸과 마음이 찢어질 것 같은 고통에 눈물 흘릴지라도 우리의 영혼은 기뻐하고 있는 것이다. 마치 그 시련 한가운데서도 예수를 부인한 베드로를 향해 예수께서 미소를 지으셨던 것처럼.*

어떠한 상태에 있든 우리는 언제나 신의 임재에 대해 육체적, 정신적, 영적으로 자신의 이해를 반영하고 있다. 이 사실을 기억해 두

---

* 마태복음 26:69-75, 마가복음 14:66-72, 누가복음 22:54-62, 요한복음 18:15-27 참조.

기로 하자. 적격자로 인정을 받아 신 앞에 서기 위해서는^{디모데후서 2:15} 어떠한 삶의 방식이 필요한지 잘 생각해서 그와 같은 삶을 살도록 노력하자. 그렇게 하면 실제로 우리의 삶에 (즉, 우리가 지키는 규율과 언행 속에) 신의 임재의 빛이 나타나게 될 것이다.

그렇다면 우리의 이웃은 어떨까? 어떠한 성장 단계에 있든 그들도 역시 그 삶과 활동으로 신에 대한 그들 자신의 이해를 나타내고 있다. 그들의 삶은 그들이 숭배하는 신을 반영하며 그들의 행동은 그들 내면의 영혼을 보여주고 있다. 그리고 그들도 역시 그들 자신의 척도로써 우리를 가늠하고 있는 것이다.

육체적으로 건강하다는 것은 우리가 육체의 법칙을 잘 지키고 있다는 사실을 나타낸다. 육체를 보다 양호한 상태로 유지하고 싶다면 건강에 대해서 더욱 세심한 주의를 기울여야 한다. 그와 같은 배려를 게을리 하면 육체는 조화를 잃고 만다. 우리가 자기 주위에 어떠한 환경을 만들어 놓았는지, 또 어떤 종류의 친구들과 교제하고 있는지, 이와 같은 우리의 눈에 보이는 행동은 우리에게 신이 얼마나 가까운 존재인지, 법칙이 얼마나 가까운 것인지, 사랑이 얼마나 가까이에 있는지를 나타낸다.

육체적 활동이 육체의 강인함을 나타내는 것처럼 정신적 활동은 정신체의 강인함을 나타낸다. 인간의 육체적 행동과 활동 문제는, 법률이나 습관을 통해서 어느 정도 억제하고 조절할 수 있다. 그러나 우리의 정신 상태를 컨트롤하는 문제는 (정신활동의 잘못은 육체 활동의 잘못에 못지 않게 유해하며, 무한한 신과의 동조를 잃게 함에도 불구하고) 완전히 개인에게 맡겨져 각 개인이 해결해야 할 문제라 여겨지고 있다. 우리가 신을 얼마나 이해하고 있는가 하는 이해의 정도는 상념의 파동이 되어 주변으로 퍼져 나가고, 혹은 입에서 나오는 말이 되어, 혹은 육체적 행위가 되어 주위 사람들에게 영향을 주고 그들의 마음에 인상을 남긴다.

우리는 얼마나 영적 인생을 살고 있는 것일까? 우리는 명상과 기도를 통해서 신과 만나기를 얼마나 갈구하고 있을까? 인생에 대한 자세와 인생관의 중심에 얼마나 확고한 영적 이상이 있는 것일까?

주위 사람들은 우리에게 이와 같은 삶을 기대하며 또 그것들에게 영향을 받는다. 우리는 신을 믿고 있다. 하시만 그 신념을 말과 생각과 행동과 태도로써 나타내고 있는 것일까?

영원한 임재를 경험하자

우리가 신과 함께 가고 있으며, 신과 이야기를 나누고 있다는 사실을 느낄 수 있을 때, 혹은 신의 약속이 확실하다는 사실을 확신할 수 있을 때 우리 내면에 흔들림 없는 평안이 찾아온다. 가령 봉사가 세속적으로는 커다란 희생을 강요하는 것이라 할지라도 신과 함께 있다는 사실을 확신할 수 있다면 우리는 기꺼이 자신을 봉사에 바칠 수 있다. 기쁨이란 자신에게 이득이 되는 행위로부터는 얻을 수 없다. 다정한 말과 배려와 친절한 행위로 봉사하려면 예수가 하셨던 것처럼 자기 자신을 바쳐야 한다.

신과 함께 있다는 자각이 깊어져감에 따라 평안이 찾아오고 그에 따라서 우리의 고독과 불안은 깨끗이 사라진다. 그리고 자신이 신의 원대한 계획의 한 부분을 이루고 있다는 의식이 생겨난다. 이는 자기 안에서도 밖에서도 신을 본다는 사실을 의미한다. 이와 같은 사실을 실감하면 길은 한층 더 걷기 쉬워진다. 지금까지보다 더 타인을 배려할 수 있게 된다. 사람을 심판하고 비난하는 생각을 마음속에서 내보내고 오히려 신의 축복이 그 사람 위에 있기를 바라게 된다.

성경에 '내가 친히 가리라. 내가 너를 쉬게 하리라'^{출애굽기 33:14}고 기록되어 있다. 이는 우리가 충실하다면 신은 성령을 보내어 우리를 지켜 주신다는 약속이다. 그러기 위해서는 자신이 이해하고 있는 일을 실천하면 된다. 그때 구체적인 결과로 신의 인도가 나타나든 나타나지 않든 확신을 가지고 성큼성큼 나아가는 것이다. 그렇게 하면 전혀 예상하지도 않았던 순간에 자신의 소망이 이미 이루어져 있다는 사실을 깨닫게 될 것이다.

우리는 신앙과 지식과 이해에 있어서 아직 어린아이와 같다. 우리는 더 배우고 더 단련해야 한다. 전류가 흐르고 있는 전기 코드를 어린아이에게 맡길 수 있겠는가? 그런데 우리가 사랑과 수련(修鍊)

과 신앙으로 신의 법칙을 이해하지 못 하는 단계에서 신에 속하는 힘을 신탁 받는 일이 어찌 있을 수 있겠는가? 신은 우리에게 신의 왕국을 주시는 것을 기쁨으로 여기고 있다. 하지만 인내를 통해서 자신의 영혼을 소유하는 법을 배워야만 비로소 신의 왕국은 우리의 것이 된다.

믿음의 체험

"저는 누명을 쓰고 체포된 적이 있습니다. 냉담한 경찰관들 앞에서 이런 말이 마음에 떠올랐습니다. '만일 하느님이 우리를 위하시면 누가 우리를 대적하리요'^{로마서 8:31} 그리고 다음으로 '두려워 말라'^{마태복음 14:27, 요한복음 6:20}는 예수의 말이 떠올랐습니다. 세속적으로 보면 굴욕적인 상황이었지만 주의 임재가 주위를 지배하고 그 힘이 너무나도 강하게 느껴졌기 때문에 그 자리가 지상에서 주의 이름을 찬송하는 장소로 바뀌어 버렸습니다. 주의 도움을 필요로 하고 있었던 만큼 주의 임재를 한층 더 분명히 느낄 수 있었습니다. 실제로 우리는 신 안에서 살아가고 있으며, 움직이고, 존재하고 있습니다.^{사도행전 17:28} 생각과 말과 행동은 모두 신의 임재를 칭송하고 전파할 기회입니다. 그러니 우리는 신의 선전, 광고가 되어야 할 것입니다."

"한번은 많은 사람들 앞에서 강연해 달라는 부탁을 받았습니다. 너무나도 갑작스러운 부탁이었기에 이야기할 내용을 정리할 시간도 없었습니다. 저는 평소 명상을 하던 시간을 사용해 이야기 내용을 정리하고 싶다는 유혹에 사로잡혔지만 '성령'은 그것을 허락하지 않았습니다. 그리고 내면의 존재는 외부의 존재보다 위대하다는 사실을 제게 증명해 주었습니다. 강연에 앞선 명상 시간에 저는 제 내부에 귀를 기울였으나 좀처럼 이야기할 내용이 떠오르지 않았습니다. 그리고 드디어 청중 앞에 섰을 때 불현듯 이야기할 내용이 제 마음속에 떠올랐습니다. 그때만큼 신의 존재를 강하게 느낀 적도 없었습니다. 아무런 어려움도 없이 제 입에서 말이 술술 나온 것입니다. 저는 제 입에서 힘에 넘친 메시지와 사람들에게 용기를 주고 도움이 되는 말들이 나오는 것을 느꼈습니다. 그때 이야기를 하고 있던 것은 제가 아니라 제 안의 '성령'이었습니다. 강연에 참석했던 사람들로부터 그때 저의 강연은 말에 힘이 넘치고 이야기의 내용과 어울려 훌륭한 강연이었다는 칭찬을 들었습니다. 자신의 나약함을 인정하고 내면의 신의 임재에 의지할 때 우리는 강해집니다. 우리가 어려움에 무릎을 꿇는 일이 있다면 그것은 우리가 신을 잊었을 때뿐입니다. 오늘날과 같은 시련의 시대에서 만약 우리가 구원의 희망을 인간의 손이 아닌 아버지이신 신의 손 안에 놓는다면 우리는 그야말로 이 세상의 것을 정복하는 사람이 될 것입니다."

"저는 마음속에 '신은 나의 외부가 아닌 나의 일부로 언제나 나와 함께 계신다'는 사실을 인식하고 있습니다. 아침부터 밤까지, 열심히 일을 하고 있을 때도, 조용히 묵상을 하는 밤에도, 신은 언제나 곁에 계십니다. 물질적인 생활의 무게에 짓눌릴 것 같은 때에도 손을 멈추고 귀를 기울이면 신은 우리와 함께 계시다는 사실을 확신시켜 주며, 저를 안심할 수 있게 해줍니다."

우리의 수호는 신의 임재에 있다

창조주의 임재를 두려워하지 말자. 신은 자녀들에 대해, 자녀들과 한 약속을 기꺼이 지키려 하신다. 신의 얼굴을 구하는 자에게는 언제라도 신의 길을 보여주신다. 아름다운 자연을 창조하고 우주의 조화를 지배하는 법칙을 정하신 신이 어찌 그 피조물의 일부를 내팽개쳐 두거나 생명을 유지할 힘을 주시지 않으시겠는가? 신의 길은 큰아들에 의해 훌륭하게 모범이 제시되었고 그 길을 걸으려는 자에게 보편적인 '힘'이 언제나 도우며 힘을 더해 준다.

신의 임재를 구하려는 너희여, 머리를 숙여라. 신의 힘 안에서 강해져라. 너 자신의 나약함에 걸려 넘어지지 않도록 하라. 너의 구세주는 살아 계시며 너희와 함께 계시니. 오늘 너희의 마음에서 그것이 분명해질지도 모른다. 주가 들어가시는 것을 방해하는 모든 것을 네 육체와 의식에서 깨끗이 없애라. 그러면 주가 오셔서 너와 함께 식사를 하실 것이다. 오오, 인간이여, 너는 그 결의를 선언하겠는가? 너희는 신과 하나가 되기를 원하는가? 내가 수호하는 길은 주의 힘이 있는 영광으로 인도하는 길이다. 나 미카엘이 너를 인도하겠다. 길을 등져서는 안 된다. 걸려 넘어지지 말라. 너는 길을 알고 있으니. 리딩 262-33

우리는 자신의 힘이나 지상의 지혜로 영광을 얻으려 하지 말고, 주 안에서 영광을 받기를 구해야 한다. 자신의 머리에만 의존하는 사람은 쉽게 걸림돌이 되어 많은 사람들의 길을 방해하기 때문이다. 우리를 방해하고 우리에게 의심을 가져다주며 불안하게 만드는 것을 우리 안에서 내몰고 신의 임재를 남김없이 알 수 있도록 하기 위해 내면의 '진리의 영(Spirit of Truth)' 요한복음 14:17, 15:26 으로 밀과 쭉

정이를 구별하도록 하자.

따라서 우리의 기도는 다음과 같아야 할 것이다.

> 하늘에 계신 우리 아버지시여, 제 안에 계시는 당신에 의해서 지상에 나라가 임하기를. 매일 저를 접하는 사람들이 당신의 말씀의 빛을 받기를. 형제 가운데 계시는 당신에게 제가 눈을 떠 당신의 영광을 칭송할 수 있게 되기를. 바라건대 당신이 저와 함께 계시다는 사실을 사람들이 알 수 있는 인생을, 그로 인해서 당신의 영광이 사람들로부터 칭송 받을 수 있는 인생을, 제가 살 수 있게 해주소서. 리딩 262-30

자, 아버지이신 신이 사람의 아들들에게 주시는 멋진 사랑을 칭송하고, 숭고하고 공경하는 마음으로 우리의 마음을 고양시키자!

자, 주의 이름으로 봉사할 기회가 매일 주어지는 것을 모두 기뻐하자!

자, '여기 내 형제 중에 지극히 작은 자 하나에게 한 것이 곧 내게 한 것이니라' 마태복음 25:40 는 진리에 환희하자! 그리스도의 사랑을 우리의 인생에서 펼치도록 하자. 봉사가 우리 마음에 평안과 조화를 가져다주는 기쁨임을 우리의 봉사로 사람들에게 알리자.

자, 주에게 감사하자! 우리의 생명과 그 육체가, 신께서 그 아들들에게 나타내시는 사랑이 머무는 곳이 되리니.

자, 주의 성스러운 이름에 자리를 양보하자. 그로 인해서 많은 사람들의 인생과 경험에 그리스도가 오시고, 사람들의 마음속에 기쁨이 찾아오기를!

열 번째 가르침

십자가와 면류관
The Cross and The Crown

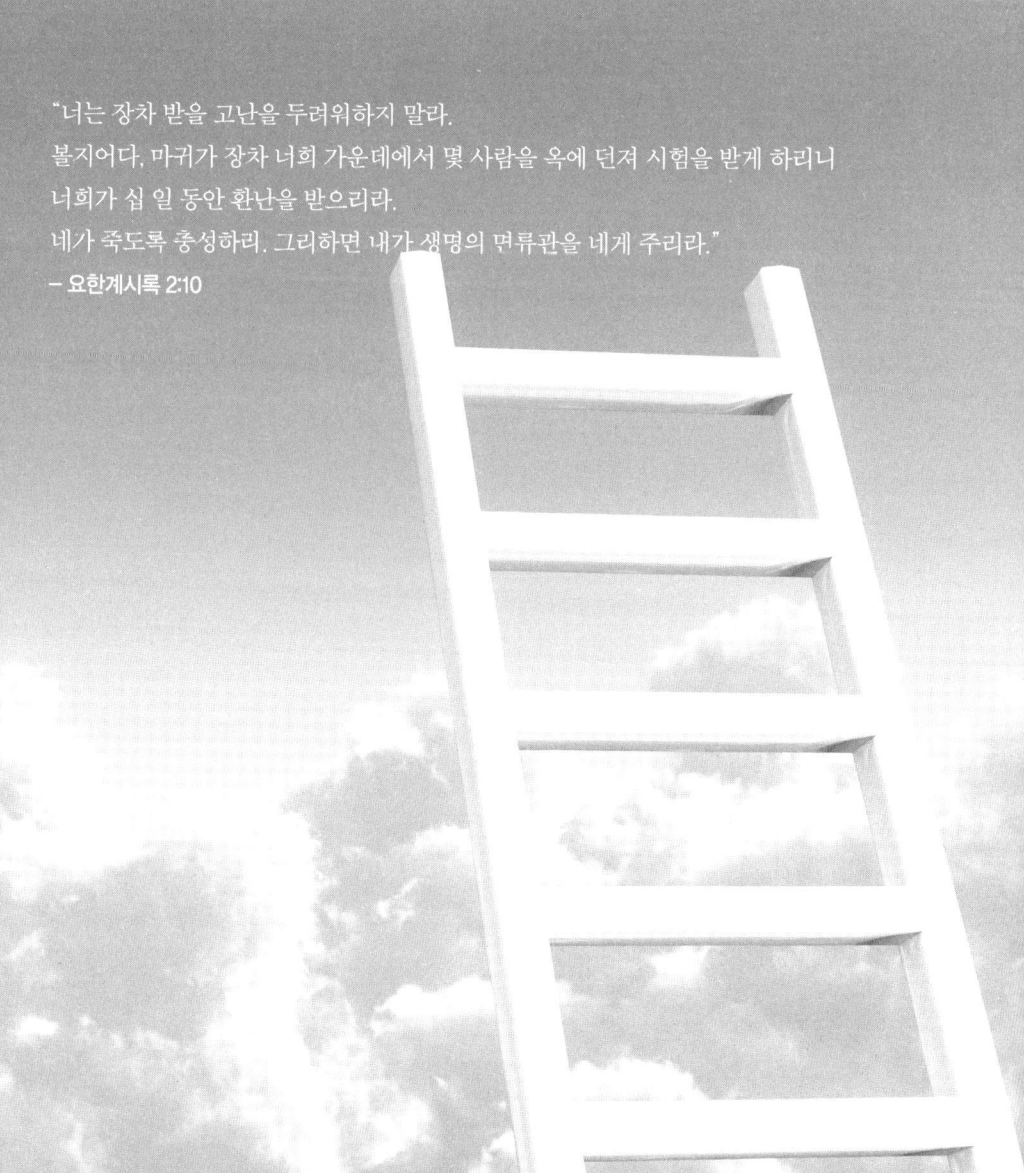

"너는 장차 받을 고난을 두려워하지 말라.
볼지어다. 마귀가 장차 너희 가운데에서 몇 사람을 옥에 던져 시험을 받게 하리니
너희가 십 일 동안 환난을 받으리라.
네가 죽도록 충성하라. 그리하면 내가 생명의 면류관을 네게 주리라."
– 요한계시록 2:10

기도의 말

우리 아버지시여, 우리의 신이시여.
주가 십자가에서 지신 것이 무엇인지,
면류관을 쓰신 주의 영광이 무엇인지 보다 잘 이해할 수 있도록
저희를 인도해 주소서.
바라건대 주가 약속하신 것처럼 주의 이름으로
모여 배우는 저희 속에 당신의 축복이 충만하기를.

열 번째 가르침
십자가와 면류관

시작하며

진리를 알지니
진리가 너희를 자유롭게 하리라. 요한복음 8:32

이번 배움에서는 십자가와 영광의 면류관이 영적으로 의미하는 바를 생각해 보기로 한다. 이번 가르침의 내용을 이해하고, 이번 가르침이 인도하려는 방향을 알고, 다른 사람들에게도 이 길을 권하기를 바란다면 우리는 스스로 다음과 같은 질문을 던져 볼 필요가 있다.

'우리의 인생은 지금까지 어떤 힘에 자극을 받아 왔는가?'

'우리는 지금 어떠한 힘에 인도를 받고 있는가?'

'우리는 앞으로 어떤 힘에 인도받기를 원하고 있는가?'

우리는 자신의 인생을 꼼꼼히 살펴서, 육체적인 욕망의 충족만을 구하고 있거나 이기적인 동기가 있다면 그것을 전부 버려야 한다.

지금까지 아홉 개의 가르침을 통해서 우리는 모든 사람들이 일상생활에서 실천할 수 있는 진리(영적 교훈)를 배워 왔다.

이번 열 번째 가르침 '십자가와 면류관'에서는 우리의 입장을 명확하게 할 기회가 주어진다. 그것은 우리가 바울의 다음과 같은 결의, 즉 '내가 너희 중에서 예수 그리스도와 그가 십자가에 못 박히신 것 외에는 아무 것도 알지 아니하기로 작정하였음이라'^{고린도전서 2:2}는 결의를 자기 자신의 것으로 받아들일 수 있는가 하는 점에 달려 있다.

십자가는 우리 한 사람 한사람의 인생에서 어떤 특별한 의미를 가지고 있는 것일까? 십자가의 의미를 분명하게 의식하면서 살아가고 있는 것일까? 그리스도의 영은 모든 시대, 모든 나라에서 진리를 계시하고 마지막으로 십자가를 받아들이셨다. 그리고 십자가를 통해서 그리스도는 죽음과 지옥과 무덤에 승리를 거두셨다.

그러나 이 길을 선택함으로 해서 편협한 마음을 가져서는 안 된다. 오히려 십자가의 길이 가져다주는 참된 자유를 알기 때문에 우리는 이 길을 선택하는 것이다. 이 길이야말로 성스러운 창조주의 영원하고 보편적인 성령의 빛과 진리를 구현하는 것이다.

이번 배움에 들어가기에 앞서 잠시 시간을 내서 자기 자신에게 질문을 던져 보자. '나는 왜 십자가의 길을 선택하는 것일까?'

고민거리를 끌어안고 있거나 정신적으로 지쳐 있으면 이 길은 길고 험한 것으로 느껴진다. 샛길이나 지름길이 좋아 보일 것이다. 그러나 참된 만족을 주지 못하는 길로 '영원한 자아'를 언제까지고 속일 수는 없을 것이다. 왜냐하면 영원한 자아는 언제나 '영원하신 신'을 향해서 상승하려 하기 때문이다.

이 세상의 여러 경험을 통해서 우리는 결국 주의 길(다시 말해 봉사의 길, 헌신의 길, 무아의 길)을 인정하고 받아들이게 된다. 우리의 최종적인 목적지에 도달하는 데는 그 길(즉, 우리가 아버지이신 신의 품으로 돌아갈 수 있도록 주 예수가 숭고한 희생으로 개척해주신 그 길) 밖에 없다는 사실을 깨닫게 된다. 좀 더 분명히 말하면 주의 이름이야말로 우리를 자아로부터 구할 수 있는 유일한 이름이라는 사실을 이해하게 된다.

주 예수가 선택하신 십자가의 길은 우리를 멸망에서 구하고 이 세상에서의 우리의 참된 목적을 이해하게 해주는 빛으로 우리를 인도해 준다. 바로 여기서 십자가는 모든 사람들이 지고, 견뎌내야 할 것을 상징한다. 우리가 공부해 나감으로써 우리의 시련의 목적이 명백해지며, 우리가 더욱 성장하기 위해서는 그 시련들을 이겨내야만 된다는 사실을 분명히 알게 된다. 그 시련들이란 우리 마음속에 있으면서 우리의 성장을 방해하는 것으로, 우리는 그것들을 뽑아내버려야 한다. 이러한 일들을 주의 도움 없이 한다는 것은 쉬운 일이 아니다. 그러나 이 길을 이미 완성하신 예수는 우리가 만나는 온갖 시련과 유혹을 알고 계시며 사랑을 가지고 기꺼이 우리에게 힘을 주신다.

'내가 곧 길이요 진리요 생명이니'^{요한복음 14:6}라고 주 예수는 선언하셨다.

주 안에 모든 것이 있다. 이 진리를 받아들일 때 길은 걷기 쉬운 것이 되고, 더 이상 발을 헛디딜 일이 없게 된다. 주는 참으로 만인을 비추는 빛이다. 보이는 것이든 보이지 않는 것이든 주는 모든 법칙을 이해하고, 이 세상에 오셔서 죽음조차도 따르게 할 정도로 주의 힘이 모든 힘에 승리한다는 사실을 보여주셨다. 그리고 이 길은 사랑의 길임을 보여주셨다. 자신의 십자가를 하루하루 짊어짐으로써 주가 보이신 모범을 배울 때, 우리는 지금보다 더 이웃에게 도움을 주고 싶다는 소망을 갖게 된다. 그리고 우리는 자신의 좁은 세계에서 접하는 사람들의 고민과 괴로움, 십자가를 기꺼이 자기 자신의 몸으로 받아들이게 된다. 이렇게 해서 신의 사랑이 우리의 인생에 나타나고, 우리는 기쁨에 넘치게 된다. 왜냐하면 우리는 십자가의 길을 선택하기에 합당한 자로 여겨지며, 필요하다면 주의 이름을 위해서 고통을 감수할 수 있다는 사실을 알고 있기 때문이다.

우리의 이상인 그리스도를 모범으로 삼는다는 것은 아버지이신 신에게로 가는 길이 보장된다는 만족감을 우리에게 준다. 우리가 그리스도와 함께 상속할 자라는 사실을 주의 성령이 우리의 영혼과 함께 증거해준다. 우리는 그 사실을 알고 있다. 어떠한 행동을 하든 거기에는 주의 힘, 주의 권능, 주의 작용이 있다는 사실을 의식하게 된다.

우리는 스스로의 십자가를 짊어짐으로써 이런저런 걱정거리들로 삶을 방해하던 장애물을 극복해 나가게 된다. 이때에 이르러서 십자가의 길을 선택해야 하는 이유가 분명해진다. 이 길을 선택하지 않는다는 것은 인생의 목표를 모르고, 또 영원한 생명을 실현하는 길도 모른다는 사실을 스스로 인정하는 것과 다를 바 없다. 괴로움을 거치지 않고 복종을 배운 사람이 있을까?

왜 십자가를 지는 것일까?

우리의 십자가는 처음부터 그랬던 것처럼 지금도 다른 누구도 아닌 자기 자신이 만들어 내고 있는 것이다. 이 세상은 창조적인 생각을 잘못 사용함으로 해서 미망 속에서 헤매고 있으며, 신의 법칙을 달성하기 위한 과정은 뒤바뀌었고, 파동이 낮은 상태에서 만족을 찾는 세상이 되어 버렸다. 우리는 방향감각을 잃은 그 안에서, 그로 인해 발생하는 십자가를 매일 대면하게 된다. 우리는 자신이 뿌린 것을 몇 번이고 만나는 동안 '내가 타락하기 이전의 곳으로 돌아가려면 지금까지 뿌린 것을 전부 거두어들일 수밖에 없다. 그 외에 길은 없다'는 사실을 깨닫게 된다. 그리고 모든 것을 거두어들이기 위해서 사람은 거듭날 기회를 부여받았다.

각자의 인생은 다른 인생으로는 대신할 수 없는 귀중한 경험의 현장이다. 각자의 인생에서 시련을 이김으로써 성장의 기회가 주어지는 것이다. 만약 우리가 그 인생에서 패배자가 되었다면 그것은 우리가 자기중심적이었거나 육체적 욕망의 충족만을 구했기 때문이다. 그 누구도 죄를 지으면서 신의 영광에 다가갈 사람은 없다. 그 누구도 신의 법칙에서 벗어날 수 없다. 하지만 이 법칙은 엄격한 감시 하에서 지킬 수도 있고, 이 세상의 짐을 받아들인 그리스도의 길을 따름으로써 지킬 수도 있다.

예수는 여러 번의 윤회 체험을 통해서 이 세상에 승리하셨다. 각각의 생에서 예수는 십자가를 지셨고, 온힘과 모든 지혜를 짜내어 마지막 십자가에 도달하셨다. 예수는 십자가를 받아들임으로써 모든 사람들이 맞닥뜨릴 수밖에 없었던 '카르마(karma)'를 무의미한 것으로 만들어 버렸다. 불변의 인과응보인 카르마의 법칙은 지금도 물질세계와 마음의 세계, 영적 세계에서 찾아볼 수 있다. 그러나 예수가 이 세상에 승리를 거두고, 법칙에 승리를 거두셨기 때문에 주 당신이 법칙이 되셨고, 이 법칙은 사람을 가르쳐 인도하는 교사나 현장 교육을 위한 학교와 같은 것이 되었다.

주의 이름을 불러온 우리는 더 이상 카르마의 법칙 밑에는 놓여 있지 않다. 주 안의 은혜 밑에 있는 것이다. 왜냐하면 우리가 주의 길에 따르기를 원하면 주에게 있어서는 모든 일들이 서로 조화를 이루며 작용하게 되기 때문이다.

십자가를 진다는 것은 신의 성령을 이 세상에 나타내기 위해서 스스로의 육체를 십자가에 매다는 것을 의미한다. 하나의 장애에 승리를 거둘 때마다 다음 장애에 승리하기 위한 힘을 얻게 된다. 이렇게 해서 우리는 신과 하나가 되는 것을 방해하는 모든 장애에 승리하는 법을 배우게 되는 것이다. 이 배움은 봉사에 의해서 달성된다.

사람들에게 봉사할 때 우리는 신이 그 목적(즉, 사람을 신의 품으로 돌아오게 하겠다는 목적)을 실현하시는 것을 돕는 결과기 된다. 이 얼마나 커다란 영예인가? 베풀고 있는 한 우리는 아무것도 잃지 않는다. 신은 자신의 외아들을 이 세상에 주셨고, 아버지 품으로 돌아오는 길을 보이신 아들을 찬미하며 다시 맞이하셨다. 신은 스스로의 모든 것을 베풀고 이웃을 위해 스스로의 목숨까지 베푼 아들을 기뻐하셨다.

우리는 자신을 성장시키기 위해서 스스로의 십자가를 지지 않으면 안 된다. 그러나 우리를 위해서 피할 길 고린도전서 10:13을 준비해 놓으신 주를 위해서 십자가를 질 수 있다면 그것은 얼마나 커다란 영광이겠는가?

천지창조하신 주는 왜 십자가를 져야만 했는가?

신의 힘은 최초의 아담에 의해 물질계 속으로 흘러들어 타락해 버렸다.^{창세기 3장} 그 때문에 물질계에서 탈출하는 길을 사람들에게 보이기 위해서는 신의 힘인 창조주 자신이 인간의 모습으로 모범이 되어, 물질세계에서 승리하여 법칙 그 자체가 될 필요가 있었다. 이처럼 최후의 아담에 의해서 모든 사람들이 존속할 수 있게 되었다.

하늘과 땅의 창조주는 당신의 경험과 활동을 우리의 경험과 활동에 더하기 위해서 지상으로 들어와 십자가를 지셨다.* 신의 목적은 사람의 아들이 참된 신의 아들이며 아버지이신 신과 하나임을 다시 깨닫게 하는 것으로 그 목적은 예나 지금이나 변함이 없다.

예수가 십자가를 지심으로써 '모든 것이 끝'^{요한복음 19:30}난 것이다. 이것은 세속적인 것과 육체적인 것에 승리를 거두었다는 사실을 의미한다. 예수는 모든 시대에 있어서 예수를 따르는 자를 위해 길을 만드셨다. 육체에 이기는 길을 보이시기 위해 신의 아들로서 창조주와 함께 일하시는 주가 지상에 내려올 필요가 있었던 것이다. 왜냐하면 신은 자신의 영광을 나타내기 위해서 사람을 만드신 것이

---

* 이 부분은 하늘과 땅을 창조하신 신이 그대로 예수로 강림하여 십자가에 달리셨다는 의미로 해석될 위험이 있다. 그러나 케이시의 리딩이 가르치는 바에 의하면, 신의 사랑인 그리스도가 예수에게서 완전히 구현되었고 그로 인해서 의지에 있어서 신과 하나였던 그리스도 예수가 십자가를 지는 것은 즉, 창조주 자신이 십자가를 지는 것이나 다를 바 없다는 것이다. 신 자신의 경험과 활동을 사람들에게 더한다는 것은 그리스도의 사랑으로 사람이 물질성을 극복하는 길, 모범을 보이는 것을 의미한다.

며, 그렇기 때문에 예수는 아버지이신 신에게 영광을 돌리셨다. 예수는 물질의 상징인 십자가를 영광스런 영성의 십자가로 바꾸기 위해 십자가를 받아들이신 것이다.

예수는 자신을 따르는 사람들의 마음속에 불타오르는 정열을 일깨우기 위해서 다음과 같은 말씀을 남기고 가셨다. 즉, '내가 땅에서 들리면 모든 사람을 내게로 이끌겠노라.'요한복음 12:32 '나를 믿는 자는 내가 하는 일을 그도 할 것이요, 또한 그보다 큰일도 하리니 이는 내가 아버지께로 감이라.'요한복음 14:12

주 예수는 길을 끝까지 걸으셨다. 그리고 우리와 마찬가지로 그 길에서 수많은 시험을 당하셨다. 예수는 죄인 취급을 받았으며 '그가 찔림은 우리의 허물 때문이요 …… 그가 받은 상처로 우리는 나음을 받'이사야서 53:5은 것이다. 이렇게 해서 예수는 모든 사람들 속에서 정복자보다 더 뛰어난 자가 되셨다. '사람이 친구를 위하여 자기 목숨을 버리면 이보다 더 큰 사랑이 없나니 너희는 내가 명하는 대로 행하면 곧 나의 친구라. 이제부터는 너희를 종이라 하지 아니하리니 종은 주인이 하는 것을 알지 못함이라. 너희를 친구라 하였노니 내가 내 아버지께 들은 것을 다 너희에게 알게 하였음이라. 너희가 나를 택한 것이 아니요 내가 너희를 택하여 세웠나니.'요한복음 15:13-16

십자가의 목적은 무엇이었을까? 무엇을 위해서 그처럼 숭고한 희생을 치렀던 것일까? 그것은 주의 힘에 의해서 우리가 길을 알고, 이해하고, 또 모든 것에 이기고, 왕이 되고, 신을 섬기는 제사장이 되기 위해서였다.

예수의 길은 신의 사랑이 행할 수 있는 바를 사람들에게 보이는 것이며, 또한 사람은 어떻게 해야 (우리가 매일 사악한 힘에 둘러싸여 있더라도) 최상의, 그리고 결백한 삶을 살 수 있는지를 사람들에게 보이는 것이었다. 그리스도는 모든 시대를 통해서 인류의 성장을 촉구했고 사람과 함께 이야기를 나누며 걸어 오셨다. 올바로 이해한 사람들은, 인류의 각성이 필요한 시대에는 언제나 아들이 지상에 나타나셨다는 사실을 알 수 있다. 이렇게 해서 십자가는 자신의 모든 것을 바치신 그 분을 상징하는 것이 되었다. 예수는 당신이 이 세상에 승리하여 영광스런 왕권을 얻기 위해, 그 목적을 위해서 이 세상에 오신 것이다.

주는 십자가를 지기 위해 왜 인간으로
이 세상에 오셨을까?

사람은 신의 배려와 뜻에 의해서 지금과 같은 육체를 갖게 되었다.창세기 1~2장 왜냐하면 사람은 육체를 입어야만 비로소 영적 본성이 자극을 받아 그 잠에서 깨어나고 영적 진화의 길을 걸을 수 있게 되기 때문이다. 따라서 "주는 십자가를 지기 위해 왜 인간으로 이 세상에 오셨을까?"에 대한 질문에는 다음과 같이 답할 수가 있다. 첫 번째는 주 당신이 물질세계에 대해서 승리를 거둘 필요가 있었기 때문이며, 두 번째는 인간에게 지도자, 교사, 구세주가 필요했기 때문이었다.

첫 번째 답에 대해 성경에는 다음과 같이 기록되어 있다. '그가 아들이시면서도 받으신 고난으로 순종함을 배워서'히브리서 5:8 그리고 두 번째 답은 '내가 곧 길이요 진리요 생명이니'요한복음 14:6라는 말에 나타나 있다.

예수는 물질 혹은 육체에 승리하여 스스로가 영적 법칙이 되어야 한다는 책무를 받아들이셨다. 그리고 그것을 성취하기 위해 온갖 시련과 고난을 견디신 것이다. 예수는 스스로의 경험과 일을 우리의 경험과 일에 덧붙임으로써 사람과 신을 연결 짓고, 그렇게 해서 사람과 신의 밀접한 조화를 회복시켜 이 세상 만물과 하나라는 깨달음을 사람들에게 주셨다. 예수가 이 세상에 오신 목적은, 사람들에게 봉사를 하면 우리도 역시 신과의 유대감을 얻을 수 있다는 사실을 몸소 보이시고 가르치기 위해서였다.

인간으로서 예수는 육체라는 껍질 속에 갇힌 영적 존재가 부딪히는 육체적 시련(즉, 의심과 공포, 나약함, 동요 등)을 알고 계셨다. 한 사람의 인간으로서 예수는 물질적인 파동에 영적 조화를 가져다주는 힘을 실제로 증명하셨으며, 그로 인해 모든 사람들이 가지고 있는 가능성을 보이셨다. 예수는 모든 힘이 하나임을 끊임없이 강조하고, 사람은 창조주와 직접적인 관계를 맺을 수 있다는 사실을 보이셨다.

예수는 육체 안에 머물러 있는 우리도 영에 있어서 신이신 예수처럼 될 수 있다는 사실을 보이기 위해서 육체로 들어가셨고, 예수가 아버지와 하나인 것처럼 우리도 아버지와 하나가 될 수 있다는 사실을 가르치셨다. 따라서 처음으로 이 세상에 들어온 아담이 이 세상의 구세주가 되어야 했다. 그 사실은 '생육하고 번성하여 땅을 다스리라'창세기 1:28 참조는 말에 나타난 것처럼 예수의 손에 맡겨져 있었던 것이다.

이렇게 해서 최초의 아담이자 최후의 아담은 땅을 다스리는 권능을 부여받았지만, 그럼에도 각각의 영혼들처럼 가장 먼저 극복해야 할 상대는 자기 자신이었다. 그리고 자기 스스로에 승리를 거둠으로써 모든 사물, 모든 상황, 모든 요소가 예수에게 복종하게 된 것이다. 이렇게 해서 예수는 이 세계가 처음 속했던 영적 본원으로 이 세계를 되돌릴 수 있는 힘을 가진 자가 되었다.

이 세상에 승리를 거둔 예수에게는 이 세상의 모든 힘이 주어졌다. 자아, 죽음 그리고 지옥조차도 자아를 극복하신 예수에게 굴종하게 되었다. '태초에 말씀이 계시니라. 이 말씀이 하나님과 함께 계셨으니 이 말씀은 곧 하나님이시니라. 그가 태초에 하나님과 함께 계셨고'요한복음 1:1-2라고 성경에 기록되어 있다. 이 말씀이 물질세계의 사람들에게로 내려와 사람들 사이에서 머물게 된 것이다. 이 말씀은 이 세상에 승리를 거두었고 그로 인해서 이 세상은 이 세상에 승리를 거둔 '그분'의 종이 된 것이다.

주께서 멍에를 짐으로써
왜 우리의 십자가가 가벼워지는가?

우리는 예수가 지신 것과 같은 멍에를 져야만 한다. 왜냐하면 우리는 예수와 같은 길을 온전히 걸어야 하기 때문이다. 그 길 위에는, 이 세상에 승리하는 힘과 지식을 얻으려 하는 모든 사람들이 통과해야만 될 경험이 기다리고 있다. 예수께서 이 세상의 짐을 스스로 받아들이신 것처럼 우리도 자신을 둘러싼 조그만 세계 안에서 우리의 짐을 받아들여야만 한다.

예수께서 지셨던 짐에 비하면 우리가 져야 할 짐은 가볍고, 멍에는 지기 쉬운 것이다. 예수는 그것을 전부 지셨다. 우리는 자신에게 주어진 만큼만 지면 되는 것이다. 자신의 십자가를 짐으로써 우리는 신을 칭송하는 것이 우리의 원래 목적이며, 우리의 십자가란 결국 우리가 신의 법칙을 오해하고 그 사용법을 잘못 알았던 결과라는 사실을 깨닫게 된다. 말로는 쉬워도 실행에 옮기는 데는 불굴의 투지와 '이상'에 대한 신뢰가 없으면 안 된다. 고통을 받으면서도 굴하지 않고 가만히 참으며 고통을 가져다주는 사람들을 사랑하고 용서하는 승리를 자기 자신이 경험해야 비로소 우리는 그 경험의 의미를 완전히 이해할 수 있게 되는 것이다.

주의 멍에는 지기 쉽다. 마태복음 11:30 왜냐하면 주님이 언제나 우리와 함께 계시며 우리를 지켜주시며 혼자서는 질 수 없는 짐을 주님이 함께 져 주시기 때문이다. 자신이 져야 할 십자가와 주의 임재의 의미를 알게 되면 우리가 겪는 고뇌는 그대로 지혜를 쌓을 기회가 된다. 그리고 우리의 혼란은 보다 풍요로운 평안을 가져다주는 계기가 된다. 우리는 자신이 성장하고, 십자가의 길에 의해서 주 중의 주, 왕 중의 왕이 되신 예수와 같은 사람에 다가가고 있다는 사실에서 기쁨을 발견하게 된다.

우리 안에 임재하시는 주는 우리에게 있어서 그칠 줄 모르는 힘의 원천이다. 이 힘이 우리가 인간으로서의 의무를 수행하는 것을 가능케 하고, 자기 자신의 과제에 몰두할 힘을 주고 끝까지 경쟁[고린도전서 9:24 참조]하여 왕관을 받을 수 있게 하는 것이다.[사무엘상 4:9]

아버지께 우리를 변호해 주시는 주는 우리가 사람들에게 진리를 전하기에 합당한 사람이 될 수 있도록 언제나 수로를 열어 영적 에너지를 우리에게 보내 주신다. 영적 이해가 깊어지면 우리의 인생에서 물질이 가지는 의미가 변하기 시작한다. 즉, 다시 말해 물질은 우리의 존재를 보다 고귀한 것으로 만들고 창조주에 가까이 다가가기 위한 도구임을 알게 된다.

주의 뜻과 조화를 이루고 주의 법칙을 이해하여 인생에 적용해 나가면 혼란이 아니라 평안이, 슬픔이 아니라 기쁨이, 증오가 아니라 사랑이, 나약함이 아니라 강인함이 찾아온다. 주의 도움을 받고, 또 주의 성령이 우리의 영을 증거해 주신다[로마서 8:16]는 사실을 알게 되면 우리가 져야 할 멍에는 쉬운 것이 된다. 우리의 어깨에 놓인 짐은 참으로 가벼운 것이다.

> 모든 영혼이 십자가를 짊어져야 하는 것은 왜일까?
> 신앙과 이해를 추구하면서 살고, 주와 함께
> 걷는 삶으로 그 이유를 설명할 수 있는가?

지금까지 우리는 영혼의 속성에 대해서 배워 왔다. 그런데 그것들을 일상생활에 적용하려 노력하는 과정에서 우리가 영혼의 속성을 거의 실행하고 있지 않았다는 사실을 분명히 알게 된다. 영혼의 능력을 완전히 발휘하는 법을 아직 배우지 못했다는 데 우리가 십자가를 져야 하는 이유가 있음을 깨닫게 된다. 내면의 자아를 숨기고 표면적인 자아의 소망을 우선시해 왔다는 사실을 서서히 자각하게 된다. 그렇게 함으로써 우리는 자기 자신을 신에게서 더욱 멀어지게 했던 것이다. 이제는 우리도 잘 알고 있을 것이다. 우리 스스로 자신의 십자가를 만들어 왔다는 사실을!

한편 우리는 영혼의 본질을 배우고 영혼의 속성을 적용함으로써 기쁨과 평안이 우리에게 찾아온다. 왜냐하면 내면의 자아가 눈을 뜨기 시작하면서 우리의 신앙과 이해와 미덕을 통해 그 본래의 힘을 발휘하기 위해 기다리고 있다는 사실을 실감할 수 있기 때문이다. 우리의 인간관계는 보다 완성되어지고 우리는 주 안에서 이상을 세우게 된다. 우리는 새로운 빛 가운데서 자기 자신의 십자가를 보고, 면류관의 영광을 언뜻 알아채게 된다. 그리고 우리는 자신이 신의 계획의 일부를 이루고 있다는 사실을 실감하게 된다.

다른 영적 철학이 아닌 십자가가 선택된 것은 왜일까?

십자가는 이 세상의 짐을 짊어진 예수의 본질을 상징한다. 우리가 십자가를 선택하는 것은 위대한 교사인 예수의 인간적인 매력 때문이 아니다. 예수 그리스도를 통해 아버지이신 신에게로 다가가는 길이 쉬워지기 때문에 십자가를 선택하는 것이다.

십자가는 모든 영혼을 온갖 형태의 진리에 눈뜨게 하는 그리스도의 생애와 가르침을 상징하기도 한다. 십자가는 십자가를 규범으로 삼은 자에게는 진리의 전부이자, 또 모든 사람들에게는 진리의 일부이다. 십자가는 빛을 받아들일 준비가 되어 있는 영혼의 모든 의문에 답을 해준다. 영혼의 내면 깊은 곳에서의 절실한 요구를 십자가는 만족시켜 준다. 십자가는 진리와 빛에 이르는 길을 상징하며, 그것이 목적으로 삼는 것은 보편적이고 영원한 것으로 우리에게 자극을 주어 우리를 움직이게 한다.

그러나 십자가를 어떻게 실천할지는 우리 스스로 해결해야 한다. '신성(神性)'을 탐구하는 데 있어서 우리는 예수 그리스도를 이상으로 삼아 왔다. 왜냐하면 주야말로 모든 시대를 통해 모든 진리를 체현하신 분임을 알고 있기 때문이다. 주 이외의 사람이 길을 보이는 것도 가능하기는 할 것이다. 그러나 예수 그리스도는 '내가 곧 길이다'요한복음 14:6라고 선언하셨다.

면류관을 추구하는 자가 치욕의 상징인 십자가를 져야 하는 이유는?

우리는 십자가가 신의 법칙에 대한 우리 자신의 반역을 상징한다는 사실을 선천적으로 알고 있다. 그렇기 때문에 십자가는 우리의 치욕을 상징하는 것이다. 태초에 그랬던 것처럼창세기 3장 우리가 받은 힘을 오용했기 때문에 물질세계에서 괴로움을 맛보게 되었다. 십자가는 겉모양으로 판단하는 이 세상 사람들에게 있어서는 치욕의 상징이다. 십자가는 고집스러움 대신 겸허할 것을 요구한다. 보복이 아닌 고통에 견딜 것을 요구한다. 성급함 대신 참을성을 요구한다. 적을 미워하는 대신 적을 사랑할 것을 요구한다. 증오 대신 용서할 것을 요구한다. 십자가를 통해 이러한 것들을 익혀야 한다. 면류관은 참된 계승자의 머리에만 어울리기 때문이다. 자신의 백성을 돌아보지 않는 약탈자, 참된 성장의 길을 알지 못하는 약탈자에게 면류관은 주어지지 않는다. 대체 다른 누가 만인을 위해서 길을 열고 '누구든지 하늘에 계신 내 아버지의 뜻대로 하는 자가 내 형제요 자매요 어머니이니라'^{마태복음 12:50}고 말해 줄 수 있단 말인가?

우리는 십자가를 져야만 비로소 면류관의 참된 의미를 깨닫고, 사명을 완수하는 데서 오는 기쁨을 맛볼 수 있으며, 끝까지 경쟁^{고린도 전서 9:24}한 것에 대한 보수로서의 성공을 알게 된다. 우리가 하루하루 성장함에 따라 십자가를 부끄럽게 여기는 마음은 사라지고, 오히려 인류를 속죄하는 위대한 사업에서 주와 하나라는 기쁨이 찾아오게 된다. 그야말로 십자가는 커다란 기회의 상징이며 우리가 짊어진 각자의 십자가 속에 주의 얼굴이 더욱 친밀하게 비칠 것이다.

십자가가 언제까지고 치욕의 상징인 것은 아니다. 성스러운 분, 신의 아들이신 그리스도께서 그 생명을 걸고 십자가에 승리하셨기 때문에 십자가는 영광의 상징이 되었다. 우리도 마찬가지이다. 자기 자신의 십자가를 분명히 받아들이고 용기를 내어 십자가를 짊어짐으로써 거기에서 승리를 거두면 십자가는 빛난다. 그리고 인생의 목적이 더욱 명확하게 이해되고 생명의 면류관 속에 있는 영광이 찾아오게 된다.

어둡고 긴 그림자를 드리운 채 십자가가 내 위로 쓰러진다.
십자가는 나의 태양을 숨기고, 빛을 가로막고, 나의 노래를 지워 버린다.
그러나 내가 도움을 구하며 얼굴을 들자, 거기서 빛으로 반짝이는 분이 보였다.

> 그분은 몸을 구부려 내 십자가를 들어올려 주신다.
> 그분은 바로 그리스도, 축복받은 신의 아들이셨다.
>
> – 스터디그룹 멤버

물질세계에 있는 내가 왜 십자가를 져야만 하는가?

이 질문은 우리 한 사람 한 사람이 스스로의 내면에 질문해 봐야만 한다. 이 질문에 어떻게 답하는가에 따라 우리의 영적 모습이 결정된다. 이것은 인간이 낙원에서 쫓겨난 이후 우리의 영적 성장 정도를 측정하는 잣대가 되어 왔다.

"물질세계에 있는 내가 왜 십자가를 져야만 하는가?"라는 이 사실에 의문을 품게 되면 많은 사람들이 십자가의 길을 떠나게 된다. 예수도 '너희도 가려느냐'요한복음 6:67며 한탄하셨다. 우리는 '주여, 다른 누구에게로 갈 수 있겠습니까? 당신만이 영원한 생명의 말씀을 가지고 계시니'라고는 대답할 수 없는 걸까?

어쨌든 인류가 시작된 이래 커다란 시험 기간에 막 들어서려 하는 이때에, 그래도 우리는 자신이 져야 할 십자가를 피하려 하는 것일까? 예언자들의 말은 시대를 초월하여 오늘날의 우리에게도 경종을 울리고 있는 듯하다. '그가 나타나는 때에 누가 능히 서리요'말라기 3:2라고. 그것은 진리 안에서 똑바로 설 수 있는 자뿐이다. 그렇다면 누가 진리 안에서 똑바로 설 수 있을까?

물질세계에서 살아가는 인간이라면 예수가 지상에서 수많은 시련을 체험하신 것처럼 우리도 역시 많은 시련을 받아들이지 않으면 안 된다. 우리는 예수처럼 살아 있는 신의 아들로서의 자기 책무를 알고 예수에게서 순종과 겸허함을 배워야 하며 봉사와 헌신을 통해서 예수가 사셨던 생애를 우리 자신이 모범이 되어 실천해야 한다.

인생의 목적은 아버지이신 신과 하나가 되는 것이다. 우리가 그 목적을 향해 성장하고 있다는 결과가 나타나기까지는 물질세계에서 인내심 강하게 기다려야 한다. 우리의 목적을 달성하는 가장 확실한 방법은 오로지 그리스도의 길을 계속해서 걷는 것뿐이다. 주위의 모든 사람들이 우리의 노력을 잘못된 것이라 여길지도 모른다. 그러나 어떠한 고난에 처하더라도 우리를 굳건히 지탱해 모든 상황을 이익이 되도록 인도해주는 '힘'이 있다. 그 '힘'에 의지함으로써 우리의 강인함은 새로워진다.

우리가 십자가를 마주하고 유혹에 견디며 유혹에 승리할 때 우리는 영광의 면류관을 상속하는 자, 주와 함께 상속하는 자가 되는 것이다. 한탄하고 슬퍼하며 십자가를 지는 사람은 맡겨진 목표를 성취하지 못한다. 주의 기쁨 속에서 십자가를 짊어진 사람만이 그 목표를 성취할 수 있다.

자기 자신의 십자가를 지고, 거기에서 승리한 우리에게는 그 증거로써 주의 기쁨 속에서 더 큰 또다른 십자가를 질 수 있는 힘이 주어진다. 우리는 합당한 자로 주에게 인정받은 환희를 맛볼 수 있게 된다.

적극적으로 봉사를 행함으로써 사람들에게 축복을 전하는 수로로써의 역할을 수행하자. 그렇게 함으로 해서 우리는 주가 우리에게 바라시는 길을 자신이 걷고 있다는 사실을 깨닫게 되고, 주가 언제나 우리와 함께 하신다는 사실을 실감하게 된다.

문은 열려 있다. 미덕과 이해는 활동할 장소를 찾아낸다. 신을 믿는 마음은 나날이 새로워진다. 왜냐하면 물질적인 상황이든 정신적, 영적 상황이든 새로이 발생하는 상황을 이해할 힘이 우리 안에서 높아지기 때문이다. 우리가 어떤 봉사활동에 종사하든 아버지이신 신에게로 마음을 향한다면 그 활동에 있어서 협력직인 태도로 인정받게 될 것이다.

신의 사랑을 나타내는 데 있어서 특별한 때, 계절, 장소는 없다. 우리는 어디에 있든 매일, 매순간 우리가 접하는 사람들에게 신의 사랑을 나타낼 수 있다. 우리의 삶을 통해서 사람들은 신이 우리와 함께 걷고 있으며 우리의 친근한 친구임을 알게 될 것이다.

영광의 면류관을 쓰기 위한 조건이란 무엇일까? 신에 대한 충실한 신앙이다.

열한 번째 가르침

주이신 너의 신은 한 분
The Lord Thy God is One

"하나님은 한 분이시요 그 외에 다른 이가 없다."
– 마가복음 12:32

기도의 말

우리의 마음과 몸과 혼이 하나인 것처럼,
오오, 주여,
힘과 권능과 영광으로 지상에 나타나시는 당신도 역시 한 분이십니다.
우리가 하루하루 행하는 일 속에서 당신이 하나임을 언제나 자각하고,
당신이 하나임을 행동으로 표현할 수 있도록 해주소서.

열한 번째 가르침
주이신 너의 신은 한 분

시작하며

당신은 한 분.

모든 숫자의 시작이자,

모든 것의 토대이다.

당신은 한 분.

유일하신 당신의 깊은 신비에 감동하여,

현자의 마음은 그저 침묵할 뿐.

당신은 한 분.

유일하신 당신은 늘지도 않고, 줄지도 않고,

부족하지도 않고, 넘치지도 않는다.

당신은 한 분.

그러나 헤아릴 수 없는 하나이다.

숫자와 변화는 당신에게 달할 수 없다.

당신은 사유와 사상이 닿을 수 없는 유일한 자……

'전부는 하나'라는 진리는 우리 주위의 모든 것들이 그것을 증거하고 있음에도 불구하고 우리에게는 가장 이해하기 어려운 진리일 것이다. 창조주는 예언자의 입을 통해서 신의 선민에게 되풀이하여 다음과 같이 말씀하셨다. '이스라엘아 들으라. 우리 하나님 여호와는 오직 유일한 여호와이시니.' 신명기 6:4

그러나 다른 민족이 그랬던 것처럼 이스라엘 민족도 역시 유일한 신에게서 멀어져 다른 신을 찾았다.* 신은 더 이상 직설적인 방법은 없을 것이라 여겨질 만큼 누구나 알 수 있도록 그 힘과 영광과 권능을 사람들에게 계시하셨다. '말씀이 네게 가까워 네 입에 있으며 네 마음에 있다 하였으니 곧 네가 그것을 행할 수 있기를.'** 이 진리는 우리의 마음에 심어져 있다. 그야말로 '하늘이 하나님의 영광을 선포하고 궁창이 그의 손으로 하신 일을 나타내는도다. 날은 날에게 말하고 밤은 밤에게 지식을 전하니 언어도 없고 말씀도 없으며 들리는 소리도 없으나 그의 소리가 온 땅에 통하고 그의 말씀이 세상

---

* 열왕기, 역대기 참조.

** 로마서 10:8 참조.

끝까지 이르도다.'시편 19:1-4라고 기록된 대로이다.

신의 나타남은 하나이다

우주에 나타나 있는 것은 전부 신에게 속한 것이며 신과 하나이다. 그것들은 신 안에서 살며, 움직이고, 존재할 수 있다. 지구를 둘러싸고 있는 이 '지고한 지성'은 거대한 행성 속에서 완전히 나타나는 것처럼 극히 조그만 원자 속에서도 완전히 나타난다. 이 세상에 존재하는 에너지는 하나이며, 힘은 하나이고, 존재는 하나이다. 그것이 '신'이자 '아버지'라는 사실을 깨닫는다면 얼마나 멋진 일이겠는가?

신은 '영(Spirit)'이다. '하늘에 올라갈지라도 거기 계시며 스올에 내 자리를 펼지라도 거기 계시니이다. 내가 새벽 날개를 치며 바다 끝에 가서 거주할지라도 거기서도 주의 손이 나를 인도하시며.'시편 139:8-10

연못에 조그만 돌을 던지면 파문이 일어 결국에는 건너편 기슭에 도달하는 것처럼 우리의 행동은 그것이 선한 것이든 악한 것이든 타인에게 영향을 준다. 우리 몸의 어딘가에 상처를 입으면 그 아픔이 전신에 전해지듯 우리 한 사람 한 사람의 행위는 사회 전체에 영향을 미친다.

우리가 전체에 대한 자신의 의무를 완전히 자각하여 신의 뜻을 실현하는 일에 자신을 바치고 싶다면, 우리는 몸과 마음과 영혼을 성스럽게 구별하여 자신을 영적 힘이 흐르기 위한 수로로 만들어야만 한다. 아버지이신 신은 하나의 영혼이라도 소멸되기를 원치 않으신다. 모든 사람들이 언젠가는 신과 인간의 관계를 알게 될 것이다. 그때 걸림돌은 디딤돌이 되고 우리의 적(방해와 약점)은 우리가 보다 높이 오르기 위한 수단으로 바뀌어 갈 것이다.

오늘날의 혼란 속에서 우리가 인내와 믿음이라는 신의 속성을 실행해 나가면 신이 그 아들들을 통해서 일하시는 모습을 직접 목격하게 될 것이다. 그것을 위해서 어떤 장대한 비전을 보거나 신비한 체험을 할 필요는 없다. 이웃에게 친절하고, 각자의 일을 기꺼이 수행하면 그것으로 충분하다. 바로 이것이 영적인 태도이자 우리와 세계에 대해 '내 아버지께서 이제까지 일하시니 나도 일한다'^{요한복음 5:17}고 하신 말씀의 증거가 되는 것이다. 이와 같은 인식에서 우리를 멀어지게 하는 것은 자신뿐이다. 그 인식에 이르는 문을 여는 것도, 닫는 것도 우리 자신이다.

우리는 자신이 신과 동포에게서 분리되어 있다는 생각을 가져서는 안 된다. 지구의 반대편에 있는 '이웃'에게 영향을 미치는 일은 우리에게도 영향을 준다. 지상의 인간은 하나의 커다란 가족이다. 우리는 모든 사람 속에 신이 계시다는 사실을 알고, 모든 사람을 차별 없이 사랑해야 한다. 자기 자신이 신의 은혜와 자비와 평안과 사랑이 흐르는 완전한 수로가 됨으로써 우리는 모든 피조물이 하나임을 보다 잘 이해하게 된다. 우리에게 말씀하시는 신의 목소리가 우리의 모든 생각과 행동을 촉구하도록 언제나 마음을 열어 두기로 하자. 신의 길은 숨겨져 있지도 않으며 멀리 떨어진 곳에 있지도 않다. 이 커다란 '유일한 자'의 영광을 보고 들으려 하는 자에게 분명히 나타나는 것이다. 우리는 강한 의지를 가지고 '신은 하나'라는 위대한 개념을 이 물질세계에 널리 퍼뜨리는 신의 힘의 수로로써 스스로를 준비해야만 한다.

어떻게 해야 '일체'라는 깨달음에 이르는가

우리는 '모든 물질적 현상은 본질적으로는 영적인 것'이라는 사실을 믿고 신뢰하고 그와 같은 이해에 도달해야만 비로소 일체라는 깨달음에 도달하게 된다. 그 이외의 행위로는 얻을 수가 없다. 예수도 '너희를 신이라 하였노라'요한복음 10:34 고 말씀하셨다. 우리에게는 예수의 말을 그대로 받아들여 그처럼 행동해야 할 의무가 있지 않을까?

오오, 우리 안에 계시며 신이신 당신이여, 우리의 불신을 용서하소서! 주 예수의 임재를 좀 더 분명히 알 수 있도록 기도하자. 주는 우리 곁에 있는 형제처럼 현실적인 존재이며, 그 약속을 충실히 지켜 주신다. 주의 임재를 알기 위해 노력할 때 우리의 매순간의 행동과 말과 행위에서, 신의 힘이 우리 속에서 우리를 통해서 나타나며 거기에 분리는 있을 수 없다는 사실을 깨닫도록 하자. 신과 하나임을 실현했을 때 우리가 경험하는 그 영광을 가로막는 것은 자기 자신이다. 우리의 인생과 활동, 생각, 명상이 아버지이신 신의 뜻에 더욱 일치하도록 마음을 쓰자. 그렇게 함으로 해서 우리의 이기심은 점차 사라지며 신을 더욱 닮은 자가 되고 우리의 활동으로 스며드는 육(肉)의 영향은 작아지게 된다. 그때 우리는 사람을 인도하는 위치에 서게 되며, 우리를 통해서 나타나는 힘으로 넘쳐나게 되고, 평안은 더욱 깊어진다. 기도와 명상 속에서 주와 함께 걷게 되면 거기서 얻는 경험과 한층 더 조화를 이루게 된다.

그렇다면 우리는 어떻게 해야 이 '일체'를 실현할 수 있을까? 신의 말을 그대로 받아들이도록 하자. 즉, 다시 말해 '나는 하나님이라 나 외에 다른 이가 없느니라'^{이사야서 46:9}, '나를 떠나서는 너희가 아무 것도 할 수 없음이라'^{요한복음 15:5}는 말을 그대로 받아들이자. 지극히 고귀한 목소리에 귀를 기울이고 거기에 따라서 행동하는 것이다. 자연이 가르쳐주는 교훈에서 배우기로 하자. 우리 안에 있는 힘은 신의 힘이며 선한 힘이다. 그 힘을 오용하여 사악한 것으로 만드는 것은 다름 아닌 바로 우리의 의지다. 우리가 주를 섬기면 주는 우리에게 말씀하시며 모든 일을 우리의 기억에 떠오르게 하여* 주

---
* 요한복음 14:26 참조.

와 하나라는 의식까지 가져다주신다. 만물 속에서, 그리고 만인 속에서 신을 발견하기 위해 노력하자. 명상하고 기도하고 귀를 기울이고 믿도록 하자.

예수 그리스도를 통한 하나됨

예수의 기본이 되는 본질적인 가르침은 '나와 아버지는 하나이니라'^{요한복음 10:30}는 말에 있다. 우리에게 있어서 예수의 생애는 삶의 모범이며, '창조력'에 대한 예수의 설명이 우리의 이해를 돕는 대목이다. 예수는 우리 한 사람 한 사람의 영혼이 신과 하나라는 사실을 몸소 증명하셨다. 예수는 신의 뜻에 자신의 뜻을 일치시키려는 자가 무엇을 달성할 수 있는지를 몸소 보이셨다. 예수는 우리를 위해 신과의 관계를 중재해 주실 것을 약속하시고 아버지이신 신에게 다가가기를 원하는 모든 사람들에게 길을 열어 주셨다.

예수는 소박한 삶과 가르침을 통해서 신이 우리 바로 곁에 계시다는 사실을, 신은 바로 우리 마음속에 계시다는 사실을 우리가 이해할 수 있도록 해주셨다. 예수가 말씀하신 인생의 철학이 그처럼 아름답고 힘에 넘치는 것은 예수가 신과 깊고 개인적인 관계를 맺고 있기 때문이며 또 예수가 인간과 신을 직접적으로 연결해 주시기 때문이다.

예수는 전도에 임하셨던 몇 년 동안, 예수의 의식이 지고한 '창조력'인 신과 하나임을 구체적으로 보이시는 데 사용하셨다. 예수의 말과 행동은 그가 온전히 이해하고 있던 법칙에 완벽하게 따른 것이었다. 수많은 군중을 앞에 두고 언덕 위에서 말씀하실 때에도, 사람의 무리에서 떨어진 한적한 숲속에서 선택받은 소수의 사람들에게 말씀하실 때에도 예수는 늘, 사람이 참된 자유를 얻을 수 있는 진리를 말씀하셨으며 그 진실을 실증하셨다. 예수는 스스로 그 길을 걸으셨으며, 지금은 마찬가지로 신의 곁을 걸으려는 자들을 인도하는 일을 택하셨다.

예수는 고통을 통해 순종을 배웠으며, 그로 인해 인류를 위한 중개자가 될 권리, 주의 이름으로 구하는 자를 인도할 권리를 얻으신 것이다. 우리는 예수가 보이신 실제 사례에 따르기만 하면 주가 가르치고 몸소 실천했던 진리, 즉 '우리 하나님 여호와는 오직 유일한 여호와이시니'^{신명기 6:4}를 실현할 수 있게 되었다.

신과 하나가 되기 위해 노력하려면 우리는 신 이외의 그 어떤 영향력도 부정해야만 된다. 주는 우리를 지탱해 주시고 우리가 필요로 하는 도움을 주신다. 주 예수의 이름에는 힘이 있다. 주의 이름은 신의 보편적 법칙(즉, 사랑)에 도달했다는 사실, 그것을 이해하고 실현했다는 사실을 상징한다. 주의 이름은, 지친 자에게는 힘이 되며 고뇌하는 자에게는 평안을 준다. 주는 하나가 되기를 바라는 모든 사람들의 구세주가 되신다.

우리는 신과 함께 일하는 자임을 좀 더 실현하고, 그것을 구체적인 형태로 나타낼 수 있도록 노력하자. 우리 한 사람 한 사람이 그런 것처럼, 신의 모든 창조물은 커다란 '일체(Oneness)' 속에서 가장 적합한 위치에 놓여 있는 것이다. 우리는 커다란 전체 속에서 자신은 부당하게 낮은 환경에 놓여 있다고 생각하기 쉽다. 그러나 신은 우리 한 사람 한 사람의 마음속을 깊이 살피시어 모든 것을 알고 계신다.

어린아이의 괴로움을 달래주기 위해서 길가의 약초를 주는 다정한 할머니와, 인류의 병을 덜어주기 위해서 최선을 다하는 숙련된 의사는 사랑에 있어서 맹인의 눈을 뜨게 하신 그 성자와 같은 깊이로 신과 하나가 되어 있다. 각자 자신에게 주어진 재능으로 자신의 역할을 수행한 것이다. 각자 자신만의 방법으로 성장을 위한 노력을 하고 있는 것이다. 그것은 신의 뜻이 나타나신 것과 다름없다.

예수 그리스도가 이 세상에 성령을 보내셨을 때 아버지이신 신과의 합일에 대한 완전한 이해가 아들인 인간에게 주어졌다. 우리의 기억에 모든 것을 가져다주는 것은 이 성령이다.*

---

* 요한복음 14:26 참조.

믿음의 체험

"아버지이신 신이 그 아들들과 하나라는 사실은 예전에도 제 인생에서 몇 번이고 제시되어 왔었습니다. 그런데 10년쯤 전, 어떤 일이 있었고 그 일을 통해서 이전까지의 어떤 경험을 했을 때보다 더 분명하게 이 진리는 확실한 것이 되었습니다.

그 무렵, 제 아들은 아직 어린아이였는데 갑자기 중병에 걸리고 말았습니다. 병원 의사 선생님께서 최선을 다해 치료해 주셨으나 누가 보더라도 아이의 상태는 악화되이 길 뿐이었습니다.

당시 우리는 교회 바로 근처에서 살았습니다. 병에 걸리기 전, 아들은 그 교회의 나이 든 관리인과 매일 놀기도 하고 이야기를 나누기도 했습니다. 두 사람은 아주 친한 사이가 되었고 그 교회의 관리인도 아들을 아주 귀여워해 주었습니다. 그 관리인은 제 아들이 '용서'라는 말을 자신에게 곧잘 가르쳐주곤 한다고 말했습니다.

아들이 병에 걸리고 난 어느 날 아침, 그 나이 든 관리인이 갑자기 집으로 찾아와서 아들을 만나게 해달라고 했습니다. 저는 그를 아들의 방으로 안내했습니다. 그는 작업용 장갑을 벗어 옆에 놓더니 침대 곁에 무릎을 꿇고 앉았습니다. 그리고 얼굴을 하늘로 향하더니 신에게 이야기하기 시작했습니다. 지금까지 느껴 보지 못했던 평안이 제 마음에 퍼지기 시작했습니다. 그때 '아아, 모든 것이 잘될 거다'라는 확신과도 같은 것이 제 안에 생겨난 것입니다. 저는 이 성자와도 같은 노인으로부터 '아버지이신 신은 신의 수로가 되려고 하는 사람과 함께 일하시고 그 사람을 통해서 기적을 행하신다'는 사실을 그 이전까지의 어떤 이해보다도 더 분명하게 배웠습니다."

외국의 대사(大使)는 파견된 나라에서도 모국의 모든 권리를 전부 인정받는다. 대사는 자신을 지키기 위한 힘을 자국으로부터 얻을 수가 있다. 그와 마찬가지로 우리는 지상에서의 대사이며, 왕 중의 왕이 보내신 대표이다. 지상에 있는 동안 우리가 참된 대표로 머물면서 그 파견된 바 임무를 수행하기만 한다면 우리는 모국인 신의 나라로부터 모든 힘과 수호를 요구할 수가 있는 것이다.

한 나라의 원수는 그 국민들에게 메시지를 방송할 수가 있다. 그 메시지는 모든 사람들에게 흘러가지만 실제로 그 방송을 들을 수 있는 것은 그 방송에 주파수를 맞추려는 사람들뿐이다. 방송에 주파수를 맞추지 않는 사람들도 국민의 일부임에는 변함없지만 그들의 나태함은 원수가 그들에게 보내는 배려에 걸맞은 것이 아니다.

신은 불변이다. 신은 먼 옛날부터 모든 사람들의 마음을 눈뜨게 하려 하셨다. 신께서 끊임없이 보내시는 사랑의 메시지(그리스도에 의해서 명확히 제시된 그 메시지)에 스스로를 닫아 버리는 것은 우리 자신이다. 기도와 명상을 통해 우리는 신의 사랑에 대해서 확실히 이해하고 '나와 아버지는 하나'요한복음 10:30라는 진실을 우리에게 가르쳐 주는 성령이라는 선물을 받을 수 있게 된다.

 신은 창조하신 모든 것들 속에 나타나신다. 모든 실질(實質)은 하나다. 예를 들면 물질세계에서는 라디오에서 그 예를 찾아볼 수 있다. 마음의 세계에서는 생각이 전달되는 텔레파시에서 그것이 나타난다. 그리고 영적 세계에서는 이른바 신비체험이라는 데서 그것이 나타난다. 파동에는 물질처럼 낮은 형태에서부터 사념(思念)처럼 눈에 보이지 않는 정밀하고 오묘한 것까지 다양한 레벨이 있다. 이러한 파동들에 대한 우리의 지각과 이해가 우리의 성장에 맞춰서 변화하는 것일 뿐이다. 우리는 마치 어두운 동굴 속을 헤매다가 입구 쪽에서 희미하게 비추는 빛을 본 사람들과 같다. 어둠 속에서 바위에 걸려 위험에 처하기도 하고 깊은 구멍에 발이 빠지기도 하면서, 그래도 언제나 진리의 빛을 향해 나아가려 하고 있는 것이다. 그 사실을 자각할 필요가 있다.

 우리는 어떻게 해야 모든 것과의 일체성을 분명히 알 수 있을까? 우리가 은총과 자비와 권능의 어좌를 둘러싼 보이지 않는 '힘'에 마음을 열고 그리스도를 생각함으로써 얻을 수 있는 수호의 힘을 자신의 주변에 펼치고 그리스도의 가르침에 따르는 인생을 하루하루

보낼 때, 우리의 말과 생각과 행동은 '전체'와 조화를 이루고 우리는 모든 것과 하나라는 사실을 보다 분명히 알게 된다. 그때 우리는 신의 목소리를 듣고, 신이 언제나 함께 계신다는 평안을 아는 특권을 누릴 수 있게 되는 것이다.

마무리

신은 물질세계의 신이자 정신세계의 신이며 또 영적 세계의 신이다. 우리는 모든 차원의 모든 힘을 통해서 나타나는 신의 작용을 놓치지 않도록 주의해야 한다. 우리의 욕망이나 의지는 때때로 우리가 육체적, 정신적, 영적으로 자신을 올바로 표현하는 데 진실로 필요한 것을 보지 못하게 만드는 경우가 있다. 그렇기 때문에 우리는 끊임없이 자신을 점검해야 한다. 육체적인 수준이든, 정신적, 영적 수준이든 거기서 신의 힘을 가장 잘 표현할 수 있기를 희망하자. 우리 육체의 원자 하나하나까지의 파동이 신의 힘과 조화를 이루고 있어야만 한다. 항상 우리의 의식을 마음을 고무시키고 고양시키는 것에 접하게 하여 그와 같은 것으로 충만하게 해야 한다. 그리고 주님이 정하신 이상에 도달하겠다는 목적에 의해 인도를 받고 방향성을 제시받아야 한다.

마음이 꺾여서는 안 된다. 우리는 조금씩, 천천히, 한 걸음 한 걸음, 주의 길의 은혜와 지식과 이해 속에서 성장하는 것이다. 주의 길은 숨겨져 있는 것도, 멀리 떨어져 있는 것도 아니다. 신 안에서 신과 하나라는 커다란 영광은 듣는 귀를 갖고 있고 보는 눈을 갖고 있는 모든 사람 앞에 똑같이 펼쳐진다.

'주이신 우리의 신은 하나'라는 사실을 깨닫기를 우리는 얼마나 진지하게 바라고 있을까? 자기 자신을 잘 살펴보기로 하자. 우리가 적극적으로 알려고 하는 정도면 되는 것일까? '신은 하나'라는 개념을 자신의 것으로 만들려면 우리는 신이 계시다는 사실을 믿고, 신은 신의 뜻을 행하려 노력하는 자에게 보답하신다는 사실을 믿어야만 한다. 신은 생명이다. 우리는 바라는 것, 마음에 생각하는 것, 사고하는 것 그리고 우리의 영혼을 신과 하나가 되게 해야 한다.

그렇다면 어떻게 해야 그것을 실현할 수 있을까?

'하나님은 한 분이시요 그 외에 다른 이가 없다 하신 말씀이 참이니이다. 또 마음을 다하고 지혜를 다하고 힘을 다하여 하나님을 사랑하는 것과 또 이웃을 자기 자신과 같이 사랑하는 것이 전체로 드리는 모든 번제물*과 기타 제물보다 나으니이다.' 마가복음 12:32-33

신은 이 사실을 그리스도를 통해서 우리에게 깨닫게 했으며, 이 진리를 모든 사람들에게 전파할 때 우리의 마음과 생각과 뜻과 신이 하나가 되는 것이다.

---

* 구약성경에서는 신에 대한 순종을 나타내는 행위로 몇몇 제물이 규정되어 있는데 번제물은 그 중에서도 가장 중요한 것이다.

열두 번째 가르침

사랑
Love

"그런즉 믿음, 소망, 사랑, 이 세 가지는 항상 있을 것인데 그 중의 제일은 사랑이라."
- 고린도전서 13:13

기도의 말

아버지이신 신이시여,
당신의 외아들인 그리스도를 통해서
이 세상에 나타내신 사랑으로 우리에게 '신은 사랑'이라는 사실을
좀 더 깊이 깨닫게 해주소서.

열두 번째 가르침
사랑

시작하며

사랑은 곧 신이다(Love is God). 모든 율법은 이 세 글자 안에서 이루어진다. 인간은 신의 속성인 사랑을 좇아 사랑을 북돋울 것을 권유 받는다. 왜냐하면 사랑에 의해서 육체의 삶이 완성되고 영원한 생명이 실현되기 때문이다. 생명이란 활동하는 '신의 힘'이자 사랑의 표현이다.

사랑(신의 사랑)은 어느 곳에나 존재한다. 신은 갓난아기의 웃는 얼굴 속에도 존재한다. 이것이야말로 때 묻지 않은 천진무구한 사랑이다. 또한 아름다운 노래 속에도, 빛을 주시는 주를 칭송하고 고취시키는 영혼 속에도 신의 사랑은 존재한다. 자신이 받은 재능으로 최선의 노력을 다하고 있는 사람들의 행위 속에도, 그리고 자신의 이익 따위는 생각지도 않고 직무를 성실히 수행할 때에도, 혹은 스스로 성장하려고 노력하는 사람들을 가르치고 격려할 때에도, 거기에는 신의 사랑이 존재한다. 이상이 실현될 때를 적극적으로 기다릴 줄 아는 충만한 마음속에도 신의 사랑은 존재한다. 그리고 인간의 이해를 초월한 사랑은 그리스도 의식 속에서 찾아볼 수 있다.

사랑의 표현

자연 속에서 신과의 친밀한 유대감을 음미하고 기뻐할 수 있는 능력은 모든 영혼에게 주어진 특권이다. 왜냐하면 모든 창조물은 그 스스로 신의 창조력을 나타내는 하나의 완성체이기 때문이다.

그리스도는 창조주의 사랑을 완전히 표현하셨다. 그리스도의 생애와 가르침은 전 인류를 새로이 태어나게 하는 숨결이다. 우리 인생 가운데서 신의 뜻이 행해지기를 바랄 때 우리는 신의 아들로서 신의 사랑을 나타낼 수 있게 된다. 기쁨은 설령 고단함을 수반하는 것이라 할지라도 봉사를 통해 찾아온다. 순수하고 때 묻지 않은 사랑은 너무나도 강인해서 타인을 위해 자신의 목숨까지 바친다. 자신을 잊어버린 채 의식에조차 없다.

오너라, 너희, 나의 아들들이여! 너희가 네 안에서 성취한 것에 귀를 기울여라. 너희가 전신에 갑옷을 두르고 신의 사랑 안에서 많은 열매를 맺는 자가 되기 위해서.

주이신 신은 부르신다. 모든 자가 듣고 알고 이해해야 한다. 신은 하늘에 계시며, 신의 사랑은 마음이 완고한 자조차 참으시며 하나의 영혼이라 할지라도 멸하기를 바라지 않는다는 사실을. 오히려 모든 영혼의 나날의 발걸음과 활동 속에 당신의 사랑을 나타내시기를 바라며, 스승이신 그리스도가 너희와 함께 이야기하신다는 사실의 승거로 각각의 영혼이 사랑에 자극을 받아 자신 속에 가지고 있는 모든 것을 아낌없이 주기를 바라신다.*

사랑의 힘

사랑은 인류를 성장시키고 영성을 분발케 하는 힘이다. 사랑이 없으면 아이는 내면적인 굶주림 상태에 이르게 된다. 어른도 사랑이 부족하면 시들어 스러지고 만다. 사랑은 돈이 들지 않는다. 하지만 그 가치를 물질적인 척도로 계산할 수는 없다. 사랑은 희망을 잃

---

* 리딩 262-44.

은 비참한 사람을 그 늪에서 건져 올리며 존경할 만한 봉사자로 견고한 바위 위에 서게 한다.

사랑은 인류를 구원하기 위해 예수를 지상에 보내신 힘이다. 사랑 때문에 예수는 지상에 오셔서 아버지이신 신에게로 돌아갈 길을 마련하고 사람들에게 길을 보이신 것이다. 신은 사랑 때문에, 믿는 자는 누구나 영원한 생명을 얻을 수 있도록 그 아들을 주신 것이다.

사랑은 만물을 분명히 드러나게 하는 살아 있는 힘이다. 사랑은 치유의 힘이며, 정화의 힘, 우리가 접하는 모든 것을 축복하는 힘이다. 사랑으로 충만한 마음으로 인해서 우리는 만인 속에서, 그리고 만물 속에서 선과 순수함만을 찾아낸다. 태초에 사랑은 땅을 보고, 그것을 좋다고 축복했다.창세기 1:10-31

사랑은 신이다. 그렇기 때문에 사랑은 우리에게 넘칠 만큼 주어졌다. 우리에게는 부족한 것일까? 우리는 서로를 사랑하고 있을까? 주위의 상황에 휘말려서 신의 임재에 눈 뜨는 것을 방해받고 있지는 않은가?

만약 그렇다면 우리의 생각과 태도가 수로를 막고 있으니 어떻게 풍부한 흐름을 기대할 수 있겠는가. 우리 자신이 성공으로 가는 자신의 길을 가로막고 서 있는 것이다. 견딜 수 없을 것 같은 상황이 닥친다 할지라도 만약 우리가 신과 함께 일하는 자이며, 어떠한 상황도 언젠가는 맞서 극복하지 않으면 안 될 문제라는 사실을 깨닫는다면 우리는 고난의 숫자를 헤아리는 대신 축복을 헤아릴 수 있게 될 것이다. 마음을 사랑으로 채움으로써 (즉, 자신이 놓인 상황을 사랑하고 타인을 사랑하고, 신을 사랑함으로써) 그 사실을 완전히 이해할 수 있게 된다.

생명의 본질은 성장이다. 우리는 다른 사람들이 가진 문제를 극복하기 위해 그들에게 여러 가지 조언을 한다. 그런데 우리 자신이 바로 그 문제들을 인내하고 극복하지 않으면 지식과 이해를 더해 참된 축복의 수로가 되는 일은 결코 없을 것이다.

사랑은 미움이 머물 자리를 주지 않는다. 악을 찾아내지 않는다. 모든 일들이 하나가 되어 선을 위해 일하는 모습을 본다. 사랑의 힘은 무한하다. 우리만이 사랑의 힘에 한계를 두고 있는 것이다. 사랑은 건실직으로 쓸 수도 있으며 이기적인 목적으로 쓸 수도 있다. 우리는 이웃을 고무시킬 수도 있으며, 이상을 짓밟고 폭동을 선동하고 문명을 파괴하는 일까지도 할 수 있다. 그것은 우리가 자기애의 길로 나아가느냐, 타인을 위해 자신의 목숨을 바치느냐 하는 것에 달려 있다고 할 수 있을 것이다.

사랑이 시험받을 때

'사랑은 오래 참고 사랑은 온유하며 시기하지 아니하며 사랑은 자랑하지 아니하며 교만하지 아니하며 무례히 행하지 아니하며 자기의 유익을 구하지 아니하며 성내지 아니하며 악한 것을 생각하지 아니하며 불의를 기뻐하지 아니하며 진리와 함께 기뻐하고 모든 것을 참으며 모든 것을 믿으며 모든 것을 바라며 모든 것을 견디느니라'^{고린도전서 13:4-7}고 성경은 가르친다.

'내가 확신하노니 죽음이나 생명이나, 천사들이나 권세자들이나 현재 일이나 장래 일이나 능력이나 높음이나 깊음이나 다른 어떤 피조물이라도 우리를 우리 주 그리스도 예수 안에 있는 하나님의 사랑에서 끊을 수 없으리라'^{로마서 8:38-39}고 바울은 말했는데 우리는 이 말을 참된 자신의 것으로 말할 수 있을까?

주는 말씀하셨다. '새 계명을 너희에게 주노니 내가 너희를 사랑한 것 같이 너희도 서로 사랑하라.'^{요한복음 13:34} '사람이 친구를 위하여 자기 목숨을 버리면 이보다 더 큰 사랑이 없나니.'^{요한복음 15:13} '원수를 사랑하며 너희를 박해하는 자를 위하여 기도하라. 이같이 한즉 하늘에 계신 너희 아버지의 아들이 되리니 이는 하나님이 그 해를 악인과 선인에게 비추시며 비를 의로운 자와 불의한 자에게 내려주심이라.'^{마태복음 5:44-45}

최대의 적을 사랑하지 않는 자는 성장의 첫걸음조차 떼어놓지 않은 것이다. 아버지이신 신의 사랑은 성경 전편을 하나로 묶는 금실이며 그것이 확대되어 퍼져 나가, 결국에는 모든 율법이 '하나님이 세상을 이처럼 사랑하사 독생자를 주셨으니 이는 그를 믿는 자마다 멸망하지 않고 영생을 얻게 하려 하심이라'^{요한복음 3:16}는 말대로 성취

되는 것이다.

사랑의 율법을 성취하기 위해서는 자신을 사랑하는 사람을 사랑하는 것만으로는 충분하지가 않다. 그 같은 사랑은 신의 사랑이라는 개념에는 한참 미치지 못하는 것이다.

사랑이란 자기 안에 있는 최고의 것을 주는 것이다. 남에게 무시를 당했다거나, 모함을 당했다거나, 혹은 의심을 받았다고 해서 그런 것에 영향을 받는다면 사랑은 우리 인생에서 본래의 의미를 실현하고 있는 것이 아니다. 주 예수는 우리에게 신을 사랑하기를 바라며, 또 주가 아버지이신 신과 함께 계신 것처럼 주가 우리와 함께 계실 수 있도록 주의 계율을 지키기를 우리에게 바라고 계신다.

주를 사랑하고 주의 계율을 지키는 것을 방해하는 것이 있다면 그것은 우리 마음 속에 있는 이기심이다. 이기심은 사랑이 우리에게 얼마나 소중한 것인지를 깨닫는 것조차 방해한다. 우리를 참으로 자유롭게 하고, 불친절한 말을 우리의 입에서 멀어지게 하고, 어떤 일이나 사람, 상황 속에서도 희망을 보게 하는, 그와 같은 사랑을 찾아내는 사람은 참으로 드물다. 다른 사람들로 하여금 아버지이신 신의 사랑에 눈뜰 수 있도록 우리는 스스로 무거운 짐을 지고, 행하고, 괴로움에 견딜 준비를 하고 있을까?

사랑이란 주는 것

　사랑의 법칙은 다른 법칙을 무효로 만드는 것이 아니다. 오히려 속죄, 신앙, 자연의 '원인과 결과의 법칙'을 보다 효과적인 것으로 만든다. 사랑은 보답을 바라지 않고 타인에게 베푸는 것을 가능하게 하는 영혼의 미덕이다. 그리스도는 그 생애를 통해서, 그리고 죽음을 통해서 실례를 보이셨으며, 또 '내가 세상 끝날까지 너희와 항상 함께 있으리라'^{마태복음 28:20}고 부활 후 헤어질 때의 약속에서도 그것을 보이셨다. 예수가 사랑하신 것처럼 사랑의 의미를 인류가 자각하게 되면 얼마나 풍요로운 평화가 지상에 찾아올까!

　우리는 자기 자신의 소망과 필요를 충족시키는 것을 뒤로 미루고서라도 다른 사람들에게 최선의 것이 돌아가기를 바라고 있을까? 우리는 만나는 모든 사람들에게서 좋은 것을 찾아낼 수 있을까? 바로 이것이 그리스도의 사랑을 나타내는 법칙이다. 우리가 나약해져 있으면 그리스도는 곧 우리의 마음을 아시고 위로해 주시며 힘을 주신다. 주의 이름에는 힘이 있다. 이름을 부르며 주의 가르침에 따른다면 우리는 정의(올바른 생각과 올바른 행위)의 빛으로 빛나며 어둠에 잠긴 사람들은 눈부신 빛을 보게 될 것이다.

　영혼을 꼭 붙들고 있기로 하자. 왜냐하면 오직 영혼만이 영원하기 때문이다. "많은 사람들이 쓰러지지 않도록 하기 위해서 빛의 아들들은 바로 지금 주의 날이 빨리 오도록 봉사에 부름을 받고 있다"

고 리딩은 말했다. 가족이나 친구를 위해 몇 년이고 몇 십 년이고 자신의 인생을 바쳐 온 사람들은 알고 있을 것이다. 그 모든 행동은 사랑에 의해 행해졌으며 '지쳤다'는 생각조차 떠오르지 않았다는 사실을. 인생 최고의 날들을 그들에 대한 봉사에 바쳤지만, 더 이상은 나를 필요로 하지 않는다거나 감사하고 있지 않은 것 같다는 느낌이 들면 슬픔에 잠기게 될지도 모른다. 그러나 잊어서는 안 된다. 우리가 행한 봉사는 결코 사라지지 않는다. 우리의 봉사는 우리가 봉사한 사람들의 영혼 속에 사랑과 함께 남게 되는 법이다. 사랑이 멸하는 일은 없다. 사랑은 영원하다.

신의 사랑은 이해를 초월한다

그리스도에 의해서 완성된, 신에게로 돌아가는 길을 사람이 완전히 받아들이지 못하는 것은 어째서일까? 그것은 아버지 하나님께서 아들들에게 보이신 사랑이 너무나도 커서 그것을 사람들이 이해하지 못하기 때문이다. 아버지 하나님에게 있어서 첫 번째 원인은 자신을 나타내기 위해 사랑으로 이 세계를 존재케 하셨다. 우리 주위를 관찰해보면 그 사실은 저절로 명백해진다. 신은 자신의 피조물인 사람에게 신과 하나가 될 수 있는 힘을 주셨고 그 길을 신과의 중개자인 그리스도를 통해서 보이셨다. 신은 우리를 사랑하시기 때문에 당신의 외아들까지 주셨고 그 아들을 통해서 우리가 영원한 생명을 얻을 수 있도록 해주셨다. 아버지 하나님의 사랑은 그처럼 풍요롭게 우리 위에 부어지고 있는 것이다.

'나를 알고 있는 너희들은 나의 아버지도 알고 있다. 왜냐하면 나는 아버지 안에 있기 때문이다.' 그리고 회개하지 않는 사악한 이 세상에서, 내 안에서 불씨처럼 생명을 태우는 사랑을 너희들도 알 것이다. '왜냐하면 길을 구하는 자는 전부 내게 이르기 때문이다. 나는 길이다. 너희는 나의 형제다. 너희는 지상에 나타난 사랑에 의해서 육체 안에 놓인 것이니.' 그러니 이 세상에 나타난 신의 사랑을 이해하게 하고 그 사랑의 의식을 가져다주는 영혼과 정신 속에서 너희들은 나날이 머물도록 하라.'

믿음의 체험

"사람의 이해를 초월한 사랑, 저는 그것을 알고 체험하고 싶었습니다. 그로부터 얼마 지나지 않아서 사랑을 알려면 사랑의 창조자이신 신을 알아야 한다는 사실을 깨달았습니다.

---

* 리딩 262-44.

그 길이 제게 열렸습니다. 그것은 내면의 신전, 즉 지성소(至聖所)에서의 친밀한 교제를 더욱 깊이하고, 거기서 신의 임재를 체험하고 살아 있는 그리스도의 사랑을 알고 성령의 힘을 체험하는 것이었습니다."

"명상을 통해서 지난 수개월 동안 추구했던 평온함을 발견할 수 있었습니다. 평안은 멀리 있는 것이 아니라 저의 바로 곁, 제 마음 속에 있었습니다. 저는 구세주가 살아 계시다는 사실을 알게 되었고, 주의 임재를 체험했으며, 우리의 육체와 마음과 영혼이 주와 하나라는 사실을 알게 되었습니다."

"시련을 겪던 때에 저는 신의 사랑을 구했습니다. 저는 아버지이신 신의 임재를 한층 더 강하게 느끼게 되었고 수호천사가 저를 지키고 있다는 위안을 얻었습니다. 평안이 저의 영혼을 충만케 해주었습니다. '우리가 신을 사랑한 것이 아니라 신이 우리를 사랑하여 우리의 죄를 속죄할 산 제물로 아들을 보내셨습니다. 여기에 사랑이 있습니다'요한1서 4:10라고 기록된 대로입니다."

"누군가에게 사랑의 마음을 보내거나 어떠한 것에 사랑을 보냄으로 해서 상황이 갑자기 변하는 것을 경험한 적이 있습니다. 제게는 딸이 있는데 어느 날 밤 매우 반항적이었습니다. 공부도 하지 않고, 타이르려고 해도 들으려 하지 않았습니다. 그래서 저는 딸을 향해서 사랑의 마음을 보내 봤습니다. 딸은 바로 저의 마음에 감응하여 잠시 후 미소를 되찾더니 책상에 앉아서 공부를 시작했습니다. 한순간에 딸의 태도가 바뀌고 온순해졌습니다. 한마디도 하지 않았는데 사랑만으로 상황이 변한 것입니다."

"이 세계를 존재하게 만든 그 법칙이 신의 모든 창조물과 인간을 친구로 만듭니다. 저희 아이들은 애완동물을 아주 좋아해서 버려진 동물이나 외톨이 동물을 보면 바로 집으로 데리고 옵니다. 이 이야기는 저희 집 뒤뜰에 자주 찾아오던 버려진 고양이에 관한 것입니다. 그 고양이는 좀처럼 사람을 따르지 않아서 사람이 다가가거나 사람을 발견하면 도망을 쳤습니다. 저희는 그 고양이를 위해 먹이를 놓아두기로 했는데 그 고양이는 사람을 무서워해서 먹는 모습을 저희에게 보이려 하지 않았습니다.

하지만 저희는 그 고양이가 아주 좋아졌고 불쌍하다는 생각이 들었기에 언제나 다정한 마음을 보냈습니다. 그러는 동안 고양이도 저희를 무서워하지 않게 되어 몸을 쓰다듬어도 도망가지 않게 되었습니다. 문을 열어 주면 집 안으로까지 들어오게 되었습니다. 여기까지 오는 데 2년이 걸렸지만, 그렇게 친해지게 되었습니다. 그야말로 '사랑이 두려움을 내쫓나니'요한1서 4:18라고 할 수 있습니다."

다음 체험에서도 알 수 있는 것처럼 사랑은 사람의 마음에 영향을 줄 뿐만 아니라 우리의 물질적인 생활에서도 힘을 발휘한다.

"제가 매우 소중하게 생각하는 어떤 사람이 경제적으로 커다란 어려움을 겪었던 적이 있습니다. 저 자신도 물질적인 의미에서 거의 한계 상황에 다다랐던 어느 날 아침, 그 사람이 우리 집으로 찾아와 100달러를 빌려 달라고 했습니다. 그때 은행 잔고도 얼마 남지 않았고 앞으로 돈이 들어올 데도 전혀 없었습니다. 그때 저의 기분은 '네가 가장 필요로 하는 마지막 1페니를 내놓으라'는 말을 들은 어린아이와 같은 심정이었습니다.

마음속으로 갈등은 있었지만 그 친구의 부탁을 거절해서는 안 된다, 은행에 가서 그에게 빌려줘야 한다는 생각이 솟아올랐습니다. 제 자신의 생활을 지키려는 마음보다 그의 정신적인 고통이 훨씬 더 심각했던 것입니다. 하지만 그 후에도 적극적인 마음과 소극적인 마음이 번갈아가면서 찾아왔습니다. 자신의 거의 전 재산에 가까운 돈을 남에게 주어도 괜찮은 것일까? 그와 같은 희생을 신께서 내게 요구하고 계신 것일까? 그러나 결국에는 주가 저를 위해서 지불해 주신 커다란 희생과 아들들에 대한 신의 사랑에 저의 눈이 뜨였습니다. 그때까지의 갈등은 사라지고 마음은 평안해졌습니다. 주는 '내가 결코 너희를 버리지 아니하고 너희를 떠나지 아니하리라'히브리서 13:5고 약속해 주시지 않으셨습니까?

사랑의 힘은 우리 한 사람 한 사람의 인생을 천천히 형성해 나갑니다. 저는 그 사실을 잘 알고 있습니다. 왜냐하면 사랑의 힘이 신의 사랑을 나타내려 하는 저를 매일 도우며 저의 봉사를 통해 신이 찬양받을 수 있는 삶을 제게 살도록 해주기 때문입니다."

마무리

오라, 너희 나의 아들들이여. 너희들은 모두 아버지이신 신이 그 아들들을 사랑하고 계신다는 사실을 그 이웃, 그 형제에게 보이는 길에 부름을 받았으니. 누가 신의 아들들일까? 신의 계명을 나날이 지키는 자가 그 아들들이다.

신앙심 깊고 진실한 자 위에 생명의 면류관은 주어진다. 수확물은 익었다. 하지만 일할 자는 적다. 설령 너를 괴롭히는 것처럼 보이는 것이 있다 할지라도 그것 때문에 지쳐서는 안 된다. 스스로를 신앙심 깊고 진실한 자로 보이는 사람에게 길은 열리는 법이니. 꺾여서는 안 된다. 주이신 신의 날이 가까웠다.